KB200711

사랑이 먼저다

김병삼

규장

그래서 사랑은
아직 소망입니다

                      1년에 두 차례 교인들과 함께 '변화산 기도회'라는 이름으로 특별새벽기도회를 하는데, 그 시간이 저에게는 참 특별합니다. 이른 새벽 시간 온 가족이 손을 잡고 교회에 오는 모습을 볼 때면 가슴이 울컥하기도 합니다. 첫날 새벽에 강단에서 아이들을 위해 안수기도를 해주는 것이 이제는 저희 교회의 전통이 되었습니다.

   천 명에 가까운 아이들과 갓난아이까지 가슴에 안고 강단을 올라오는 엄마의 모습을 볼 때 저는 더욱 가슴이 뜁니다. 그 아이들의 모습 속에 내일 우리의 모습을 보기 때문입니다. 그래서 마음이 무겁기도 하고 부담을 갖기도 합니다. 오늘 우리의 모습을 보고 따라올 아이들이기 때문이죠.

   요즘처럼 '사랑'이라는 말을 많이 하던 때가 있었던가요? 어떤 노래도, 드라마와 영화도, 설교도 '사랑'이라는 말이 빠질 때가 없는 것 같습니다. 그런데 도리어 사랑을 찾아보기가 힘이 듭니다. "하나님은 사랑이시라!"고 말하지만 정말 우리에게 그런 믿음이 있는지 말입니다.

　근래 일어났던 많은 사고와 사건 가운데 우리는 이것이 누구의 책임인지 눈을 벌겋게 뜨고 찾고 비난했던 것 같습니다. 마치 '사랑'을 이야기하면 정의감이라고는 찾아볼 수 없는 사람이 되어버리는 듯하기도 했습니다. 조금 기다리고 참아주고 용서하자고 하면 불의를 눈감아주는 사람으로 낙인찍혀버리기도 했습니다.

　매일 사랑을 이야기하면서도 진짜 사랑이 먼저라는 것을 믿지 못했던 것 같습니다. 매일 십자가의 사랑을 이야기하면서도 사랑이 이긴다는 것을 믿지 않았던 것 같습니다. 그토록 많이 사랑을 이야기하고 "사랑이 먼저야!"라고 이야기할 때도 늘 나보다 상대방이 먼저 사랑해야 한다는 마음이 있었던 것 같습니다. 사랑이 이긴다고 수없이 말하면서도 그 사랑이 내 삶에서 증명되기보다는 누군가에게서 그런 일이 일어나기를 바랐던 것 같습니다.

　"사랑이 정말 이깁니까?"

　"사랑이 정말 먼저인가요?"

　맥스 루케이도의 《사랑》과 토니 캠폴로의 《끝까지 사랑하라》

라는 책을 읽다가 불현듯 교인들과 '사랑' 이야기를 나누어야겠
다는 생각을 했고 그 사랑이 진짜라는 것을 증명하고 싶어졌습
니다. 그래서 그들이 말하는 사랑을 저만의 방식으로 재해석해보
았습니다.

　눈 덮인 들판을 바라보면 어떻게 걸어가야 할지 막막합니다.
그때 누군가 첫걸음을 내디디면 그 발자국이 모여서 길이 됩니
다. 누군가 그 첫걸음을 보고 따라오기 때문이죠. 사랑이 정말
이긴다는 것을 누군가는 보여줘야 합니다. 무엇보다 사랑이 먼
저라는 것을 확신해야겠다는 생각이 들었습니다. 사랑이 없으면
아무것도 아니기 때문입니다. 그래서 참 힘들게 말씀을 준비했던
것 같습니다. 사랑을 이야기하기는 쉬워도 사랑을 실천하기가
참 힘든 것처럼 말입니다.
　언젠가 제 아들이 저에게 그런 이야기를 하더군요.
　"아빠, 우리 교회에서 말씀을 듣고 가장 실천을 안 하는 사람
이 아빠 같아요!"

교인들에게 사랑하라고 그렇게 이야기하면서 정작 그것을 실천할 시간이 저에게는 늘 부족했던 것 같습니다. 이 두 번의 말씀도 그렇게 힘겹게 결심하며 준비한 것이기도 합니다. 요즘은 말씀을 전하면서 교인들에게 무엇을 하라고 하기보다 제 반성으로부터 시작할 때가 참 많았습니다.

사랑이 먼저이고, 사랑이 이긴다는 것을 다음 세대가 믿고 따라올 수 있도록 우리가 그렇게 살았으면 좋겠다는 마음으로 책을 냅니다. 지금 창밖으로 아름다운 낙엽이 흩날리고 있습니다. 그렇게 떨어져가는 낙엽을 보면 "이제는 끝이네!"라는 생각보다 내년에 또 보게 될 아름다운 잎들을 생각합니다. 왜냐하면 잎이 떨어지는 그 나무들이 아직 살아 있기 때문입니다.

생명이 있는 한 절대로 사라지지 않습니다. 사랑은 생명입니다. 사랑은 없어지지 않습니다. 그래서 사랑은 아직도 소망입니다.

분당에서 김병삼 목사

프롤로그

1부

그래,
*사랑*이 먼저다

01 사랑은 용서가 먼저다   13

02 사랑은 먼저 친절의 수고를 감당한다   35

03 사랑은 먼저 상대방을 배려한다   49

04 자기 권리보다 사랑이 먼저다   65

05 자기만 생각하는 것은 사랑이 아니다   79

06 진리를 기뻐하는 사랑을 꿈꾸는가?   91

07 모든 것을 내어주는 것이 사랑이다   103

2부

맞아, *사랑*이 이긴다

08 권리 포기의 사랑이 이긴다　117

09 주도권을 내어드리는 사랑이 이긴다　139

10 나보다 남을 낮게 여기는 사랑이 이긴다　153

11 사랑이 없으면 아무것도 아니다　167

12 하나님의 사랑을 보여주는 한 사람이 이긴다　183

13 원망하지 않는 사랑이 이긴다　197

14 하나님의 사랑의 능력이 이긴다　213

1부
—

그래,
사랑이
먼저다

LOVE

"이러므로 내가 네게 말하노니
그의 많은 죄가 사하여졌도다 이는 그의 사랑함이 많음이라
사함을 받은 일이 적은 자는 적게 사랑하느니라"

—

눅 7:47

01

사랑은
용서가 먼저다

"사랑이 정말 이깁니까?"

"사랑이 정말 먼저입니까?"

우리에게 이 확신이 없다면 실제로 우리가 사랑하는 것이 그리 쉽지 않습니다.

갈라디아서 5장 22,23절에는 유명한 성령의 9가지 열매가 소개되고 있습니다.

오직 성령의 열매는 사랑과 희락과 화평과 오래 참음과 자비와 양선과 충성과 온유와 절제니 이같은 것을 금지할 법이 없느니라

갈 5:22,23

그런데 본래 성령의 열매는 사랑이며 다른 8가지 열매가 사랑을 설명하는 것이라고 합니다. 오직 성령의 열매는 사랑이고 사랑으로부터 나오는 것이 희락과 화평과 오래 참음과 자비와 양선과 충성과 온유와 절제라는 말입니다.

그런 의미에서 고린도전서 13장은 그 '사랑'을 잘 설명하고 있습니다. 사랑이 없으면 산을 옮길 만한 모든 믿음도, 자기 몸을 불사르게 내어주는 희생도 아무 소용이 없습니다. 사랑은 오래 참고 온유하고 시기하지 아니하고 자랑하지 아니하고 교만하지 아니하고 무례히 행하지 아니하고 자기의 유익을 구하지 아니하고 성내지 아니하고 악한 것을 생각하지 아니하고 불의를 기뻐하지 아니하고 모든 것을 참습니다.

우리 안에 진정한 사랑이 있다면 바로 이런 사랑의 실천이 나올 수밖에 없다는 것입니다.

초대받지 않은 여인

누가복음 7장 47절에 이런 말씀이 있습니다.

사함을 받은 일이 적은 자는 적게 사랑하느니라 눅 7:47

이 말을 바꿔보면 이렇게 됩니다.

"사함을 받은 일이 많은 자는 많이 사랑하느니라."

미국 최고의 기독교 베스트셀러 작가인 맥스 루케이도는 이 말씀을 가리켜 '747법칙'이라고 말했습니다.

바리새인인 시몬이라는 사람이 예수님을 자신의 집에 청하여 잔치를 베풀었습니다. 그런데 잔치가 진행되는 도중에 모든 사람들의 이목을 확 잡아끄는 사건이 일어났습니다. 잔치 중에 초대받지 않은 한 여인이 들어온 것입니다.

누가복음 7장 37절에 그 여인을 가리키는 표현이 나옵니다. 바로 "그 동네에 죄를 지은 한 여자"입니다. 어떤 죄를 지었는지 모르지만 잔치 자리에 있던 사람들은 이 여인이 '죄인'이라는 것을 다 알고 있었습니다. 흔히 요한복음 8장에서 간음하다 현장에서 붙잡혀 끌려온 여인이라고 말하기도 합니다. 간음하다가 현장에서 잡힌 여인은 모세의 율법에 돌로 치게 되어 있습니다. 사람들은 예수님이 뭐라고 말씀하실지 궁금해했습니다.

"너희 중에 죄 없는 자가 먼저 돌로 치라."

이 말씀을 듣고 양심에 가책을 느낀 사람들은 모두 떠나갔습니다. 그러자 예수님이 여인에게 말씀하셨습니다.

"나도 너를 정죄하지 아니하노니 가서 다시는 죄를 범하지 말라."

자신이 지은 죄 때문에 죽을 수밖에 없는 상황에서 예수님께

죄를 사함 받고 목숨을 구한 여인이지요. 그 여인이 잔치 자리에서 예수님께 나온 것입니다.

마음껏 사랑할 수 있게!

이때 우리는 여인의 행동을 주목해볼 필요가 있습니다.

예수의 뒤로 그 발 곁에 서서 울며 눈물로 그 발을 적시고 자기 머리털로 닦고 그 발에 입맞추고 향유를 부으니 눅 7:38

여인이 예수님 뒤에 와서 예수님의 발치에서 울며 눈물을 흘립니다. 저는 목회자로서 이 장면이 얼마나 힘든 장면인지 잘 압니다. 사람들은 흔히 가십(gossip)이라고 하면서 무책임하게 남에 대해 이야기합니다. 그런 이야기가 떠돌기 시작하면 그것이 진실이든 아니든 상관이 없어지고 많은 사람들의 입에 오르내리면서 당사자에게 큰 피해를 줍니다.

저는 예수님의 이 모습이 결코 쉬운 장면이 아니었겠다 싶습니다. 목회자인 제가 볼 때 어떤 여인이 와서 눈물 흘리는 모습을 그냥 두고 보는 것은 그리 쉬운 일이 아닙니다. 제가 담임목사가 되고 얼마 되지 않았을 때였습니다. 한 여자 청년이 저에게 상담을 요청했습니다. 그래서 교회로 오라고 했더니 교회에서는 곤란하니 밖에서 만나자고 하는 것입니다. 저는 그 자매를 밖에서 따로 만난다는 것이 상당히 부담스러웠습니다. 그래서 사람들이 많은 큰 스포츠센터 내 식당에서 만나 이야기를 나누게 되었습니다. 그 자매는 제가 듣기에도 깜짝 놀랄 만한 이야기를 하기 시작했습니다.

"목사님, 너무 힘들어요."

그러면서 눈물을 흘리기 시작하는데, 저도 현재 그 자매의 상황이 심각하다 느꼈습니다. 그런데 주변에 있던 사람들이 보기에 20대 후반의 여자가 머리 벗어진 중년 남자 앞에서 눈물 흘리고 있는 이 상황을 어떻게 볼까요? 그것은 여러 가지 상상이나 오해를 불러일으킬 만한 장면입니다. 거기에서 어떤 일이 일어나고 있느냐 하는 진실은 사람들에게 그다지 중요하지 않습니다.

저는 예수님을 생각했습니다. 어떤 여인이 예수님께 나왔습니다. 그것도 사람들이 다 아는 간음죄를 지은 여인입니다. 그 여인이 예수님의 발치에서 눈물을 펑펑 흘리고 있습니다. 다른 사람들의 입에 얼마든지 쉽게 오르내릴 수 있는 상황이지요.

그러면 왜 예수님은 그 여인이 눈물 흘리는 것을 그대로 놔두셨을까요? 성경에는 여인이 얼마나 많이 울었는지 눈물로 예수님의 발을 적실 정도였고 자신의 머리털로 그 눈물을 닦았다고 나옵니다. 그런 다음 여인은 예수님의 발에 입맞추고 그녀의 전 재산이었을지도 모르는 향유를 부었습니다.

사랑이 없으면 공허하다

그런데 이 상황에서 곤란한 문제가 생깁니다. 예수님을 초대한 그 집의 주인인 바리새인 시몬의 심기가 몹시 불편해진 것입니다. 자기가 주인공인데, 자기가 예수님을 초청했는데, 갑자기 이 여인이 나타나 눈물을 흘리며 옥합을 깨뜨려 예수님의 발에 향유를 붓자 모두의 관심이 여인에게 쏠렸기 때문입니다.

그 여자를 돌아보시며 시몬에게 이르시되 이 여자를 보느냐 내가 네 집에 들어올 때 너는 내게 발 씻을 물도 주지 아니하였으되 이 여자는 눈물로 내 발을 적시고 그 머리털로 닦았으며 너는 내게 입 맞추지 아니하였으되 그는 내가 들어올 때로부터 내 발에 입맞추기를 그치지 아니하였으며 너는 내 머리에 감람유도 붓지 아니하였으되 그는 향유를 내 발에 부었느니라 눅 7:44-46

예수님의 이 말씀은 이렇게 요약할 수 있을 것 같습니다.

"시몬아, 네가 나를 이 자리에 초청했지만 너는 나를 사랑하는 것 같지 않구나. 하지만 이 여인은 나를 얼마나 사랑하는지 몸소 보여주었다."

시몬은 예수님을 자신의 집에 초청했지만 예수님에 대한 진정한 마음이 없었던 것 같습니다. 그럼에도 불구하고 그는 마음이 불편합니다. 왜 그럴까요? 시몬은 잔치를 베풀기 위해 자신의 열정과 시간과 물질을 드렸습니다. 그런데 모든 관심을 여인에게 빼앗겼습니다. 이것은 남의 이야기가 아니지요.

우리가 하나님을 믿습니다. 예배를 드립니다. 헌금도 드립니다. 봉사도 합니다. 이렇게 하나님 앞에 헌신한 것 같은데 하나님의 관심은 내게 없는 것 같기 때문입니다. 사랑이 없으면 우리의 예배도 우리의 노력도 우리의 헌신도 공허한 것입니다. 신앙생활을 열심히 하는데 공허해지고 예수님의 사랑을 빼앗겼다는 마음이 든다면, 내가 예수님을 사랑하는지 내 안의 사랑의 문제를 점검해보아야 합니다.

그렇다면 이 여인에게는 있는 예수님에 대한 관심과 사랑이 왜 시몬에게는 없었을까요? 시몬은 왜 예수님이 멀게만 느껴지고 예수님을 그 여인에게 빼앗긴 것 같은 공허함을 느끼게 된 것일까요?

예수님은 이 상황을 설명해주시기 위해 한 비유를 말씀하십니다.

빚 주는 사람에게 빚진 자가 둘이 있어 하나는 오백 데나리온을
졌고 하나는 오십 데나리온을 졌는데 갚을 것이 없으므로 둘 다
탕감하여 주었으니 둘 중에 누가 그를 더 사랑하겠느냐 눅 7:41,42

"시몬아, 네가 왜 이 죄 많은 여인보다 나를 더 사랑하지 못하
는지 아느냐? 네가 사랑을 많이 받지 못했기 때문이다."

바로 여기에 747법칙이 적용됩니다.

"사함을 받은 일이 적은 자는 적게 사랑하느니라."

우리가 이 말을 오해하지 말아야 합니다. 이 여인이 간음죄를
지었기 때문에 예수님을 더 사랑할 수 있고 시몬은 매우 모범적
인 생활을 했기 때문에 그만큼 예수님으로부터 사랑을 받지 못
한다는 것이 아닙니다. 중요한 것은 우리가 지은 죄의 크기가 아
닙니다. 예수님으로부터 용서받아야 할 죄가 있다고 인정되는
마음이 그 안에 있느냐 하는 것이고 그것을 인정하는 사람만이
예수님을 사랑할 수 있다는 것입니다.

시몬은 자기 삶이 무척 자랑스러웠던 것 같습니다. 예수님을
집으로 초청하여 바리새인인 자신의 삶을 자랑하는 그에게, 자신
은 예수님으로부터 용서받을 것이 없다고 생각하는 그에게 어떻
게 예수님의 용서가 들어갈 수 있겠습니까?

용서하는 사랑

사랑과 용서는 서로 밀접한 관계를 가지고 있습니다. 그냥 사랑이라고 하면 그 말은 좀 쉽습니다. 하지만 이 사랑이 747법칙, 즉 용서와 관련되어 있다면 무척 부담스럽습니다.

우리가 아프리카나 동남아시아의 어린아이들을 돕는 일, 혹은 우리나라지만 멀리 고아원이나 복지시설에 있는 어려운 아이들을 돕는 일에 사람들은 별다른 이의를 달지 않고 주저함 없이 주머니를 엽니다.

그런데 실상 가장 가까이에 있는 사람을 사랑하는 것은 쉽지 않습니다. 왜 그럴까요? 멀리 있는 사람은 사랑만 하면 됩니다. 그런데 우리가 서로 부대끼고 살아가는 사람은 그냥 사랑만 해서는 안 됩니다. 용서해야 합니다. 용서 없이 사랑이 되지 않습니다.

저는 '멀리서 보는 사랑'과 '용서하는 사랑'이 다르다는 것을 깨달았습니다. 우리가 주님 앞에서 진정한 사랑이 무엇인지 깨닫게 되는 것은 "내가 저기 계시는 예수님을 사랑합니다"라고 고백하는 차원의 문제가 아닙니다. 내 삶에 들어오셔서 나를 용서하신 하나님의 사랑을 경험할 때 깨닫게 됩니다.

우리가 종종 이런 말을 합니다.

"저 남자와 사는 여자는 얼마나 행복할까?"

강단에서 설교하는 제 모습만 보고 많은 사람들이 제 아내에게 "목사님하고 사시는 사모님은 참 행복하시겠어요"라고 하면 제 아내는 속으로 수없이 이렇게 대답했을 것 같습니다.

'살아봐라! 행복한가?'

어떤 교회를 바라보면서 '아, 저런 목사님과 함께 신앙생활을 하는 교인들은 얼마나 행복할까?'라고 할 수 있습니다. 그러나 멀리서 보기에는 얼마든지 사랑하고 행복할 것처럼 보여도 실제 사랑하며 살아가는 사람들에게는 결코 쉬운 일이 아닙니다.

나와 함께 부대끼며 살아가야 하는 사람, 나와의 관계가 결코 깨어져서는 안 되는 그 사람과 살아가는 것은 사랑만 가지고 되지 않습니다. 우리가 서로 용서하지 않는다면 그 사랑이 절대로 이루어지지 않기 때문입니다.

결혼하기 전 남자와 여자는 서로 사랑해서 결혼합니다. 그런데 사랑해서 결혼한 그 남자와 그 여자가 지속적으로 사랑하며 살아가는 것은 무척 어렵습니다. 자녀가 태어났을 때는 정말 기쁘고 사랑스럽지요. 하지만 그 자녀를 양육하는 일은 그리 낭만적이지 않습니다. 많은 눈물과 많은 용서와 많은 사랑이 필요한 일입니다.

사랑받은 사람이 사랑할 줄 안다

예수님께서 바로 그 사랑을 설명하고 계십니다. 우리의 사랑은 다른 사람을 향한 사랑이 아닌, 하나님을 사랑하는 그 사랑에서부터 시작됩니다. 사랑을 하는 것이 아니라 용서함을 받는 것이 먼저입니다. 나를 용서하신 하나님의 그 사랑을 받지 않으면 우리는 다른 사람을 용서할 수 없습니다.

저는 사랑이 인격의 문제라고 생각했습니다. 그런데 사랑은 신앙의 문제였습니다. 내가 성숙한 인격으로 사랑할 수 있는 것이 아니었습니다. 하나님이 나를 용서하신 그 사랑과 믿음이 없다면 우리는 공허한 사랑을 할 수밖에 없는 존재입니다. 따라서 사랑은 하나님 앞에서 나 자신을 어떤 사람으로 인식하고 있느냐의 문제이기도 합니다.

우리가 매우 잘 아는 말씀이 있습니다.

우리가 사랑함은 그가 먼저 우리를 사랑하셨음이라 요일 4:19

제 삶을 송두리째 바꾸어놓은 것도 하나님이 나를 사랑하신다는 것을 깨달은 순간이었습니다. 하나님의 사랑이 없는 것이 아니지요. 하나님이 우리를 먼저 사랑하셨습니다. 우리가 그 사랑을 받지 못할 때 우리 삶은 너무 공허합니다.

> 서로 친절하게 하며 불쌍히 여기며 서로 용서하기를 하나님이 그
> 리스도 안에서 너희를 용서하심과 같이 하라 엡 4:32

누군가를 용서하기 힘들고, 누군가에게 친절하기가 너무 힘들고, 누군가를 불쌍히 여기는 것이 너무 힘들 때 우리는 우리가 받은 사랑을 생각해야 합니다. 내가 누군가를 세워주는 것이 너무 힘들 때 나를 세워주셨던 하나님의 은혜를 생각해야 합니다.

사랑은 하나님과의 관계에 대한 문제입니다. 하나님과 우리의 관계가 회복될 때 우리 안에 사랑이 들어옵니다. 우리는 바리새인 시몬처럼 예수님께 문을 열어드리고 집으로 초청할 수 있습니다. 잔치를 베풀 수도 있습니다. 우리가 예수님을 사랑한다고 하면서 예배도 드릴 수 있습니다.

그러나 그 이상의 사랑이 되지 않고 우리 안에 열정이 식어버렸다면 그런 우리에게 가장 필요한 것은 하나님과 우리 사이의 관계의 회복입니다. 우리 안에 하나님의 사랑을 회복해야 합니다. 많이 용서받은 우리가 많이 용서하고 더 많은 사랑을 받고 누려야 합니다.

사랑의 실체가 없는 세대

요즘처럼 사랑이라는 말이 흔한 때가 없었던 것 같습니다. 수많은 광고, 영화, 드라마의 주제가 사랑을 빼면 이야기가 안 됩니다. 하지만 얼마 전까지만 해도 자연스럽게 "사랑한다"는 말을 하기에 참 어색했던 시절이 있었습니다. 요즘 젊은이들은 우리보다 훨씬 더 "사랑해", "사랑합니다" 이런 말을 잘합니다.

그런데 사랑이라는 말은 그렇게 쉽게 많이 하면서 왜 우리는 서로 상처를 받고 서로 용서하지 못하고 스스로 견디다 못해 목숨을 끊는 사람들이 점점 더 많아지는 시대를 살아가는 것일까요? 사랑을 그렇게 많이 말해도 사랑하지 않기 때문입니다. 사랑하려고 해도 사랑하는 방법을 모르는 세대이기 때문입니다.

그래서 '사랑'을 많이 말할수록 어쩌면 사랑하지 못하고 사랑받지 못하기 때문에, 오히려 사랑 때문에 분노가 일어나는 시대를 살아가고 있는지도 모르겠습니다.

《루케이도에게 배우는 사랑》[이하 《사랑》, 맥스 루케이도 지음 박혜경 옮김 (아드폰테스, 2013)] 중 한 대목입니다.

"서로 사랑하십시오."
성도들에게 그렇게 말한다.

"인내하고 친절하게 대하며 서로 용서하십시오."

이렇게 강권한다. 그러나 성도들에게 사랑하라고 가르치면서 그들이 사랑받는 존재임을 말해주지 않는 것은 마치 그들에게 수표를 남발하라고 권하면서 은행 계좌에는 입금해주지 않는 것과 같다. 너무나 많은 관계가 마이너스 통장과 같은 신세가 된 것은 어쩌면 당연한 결과이다.

우리 마음에는 충분한 사랑이 없다.

"사랑이 먼저다. Love First."

우리가 아무리 서로 사랑하라는 말을 많이 해도, 우리가 받은 사랑이 없고 우리가 받은 용서가 없다면 그것은 우리를 너무나 곤고하게 만들 뿐입니다. 따라서 먼저 우리 안에 우리를 향한 하나님의 사랑이 가장 명확히 확증되어야 합니다. 그 사랑이 우리 가슴속에 살아서 그 사랑으로 우리가 실제적으로 무언가 할 수 있는 믿음과 용기가 생기는 것, 그것이 급선무입니다.

예수님이라면!

사랑하는 자들아 하나님이 이같이 우리를 사랑하셨은즉 우리도

서로 사랑하는 것이 마땅하도다 요일 4:11

사랑은 오래 참고 사랑은 온유하며 시기하지 아니하며 사랑은 자랑하지 아니하며 교만하지 아니하며 무례히 행하지 아니하며 자기의 유익을 구하지 아니하며 성내지 아니하며 악한 것을 생각하지 아니하며 불의를 기뻐하지 아니하며 진리와 함께 기뻐하고 모든 것을 참으며 모든 것을 믿으며 모든 것을 바라며 모든 것을 견디느니라 사랑은 언제까지나 떨어지지 아니하되 고전 13:4-8

이 얼마나 아름다운 말씀입니까! 이렇게 아름다운 말씀에 사랑 대신 자신의 이름을 한번 넣어보십시오.

"○○는 오래 참고 ○○는 온유하며 시기하지 아니하며 ○○는 자랑하지 아니하며 교만하지 아니하며 무례히 행하지 아니하며….."

자신의 이름을 넣어서 읽었을 때 불편해지지 않습니까?

그러면 이번에는 예수님의 이름을 넣어보십시오.

"예수님은 오래 참고 예수님은 온유하며 시기하지 아니하며 예수님은 자랑하지 아니하며 교만하지 아니하며 무례히 행하지 아니하며….."

뭔가 가능성이 보이는 것 같습니다. 예수님이라면 하실 수 있

을 것 같습니다. 정말 아름다운 이 사랑, 그러나 내 이름을 넣어
서는 도저히 불가능한 것 같은 이 사랑, 그런데 예수님의 이름을
넣어보니 가능할 것 같은 그 사랑이 우리 자신의 고백이 될 수 있
기를 바랍니다.

오래 참는 사랑

고린도전서 13장은 일명 '사랑장'이라고 합니다. 그런데 사랑
에 대한 첫 번째 설명이 사랑은 오래 참는다는 것입니다. 그렇습
니다. 어쩌면 인내보다 사랑을 더 정확하게 표현하고 실천하게
만드는 단어가 없을 것 같다는 생각이 듭니다.

맥스 루케이도는 오래 참는 인내를 물이 끓기까지 오랜 시간이
걸린다는 의미로 표현합니다. 주전자에 물을 끓이는 중이라면
가장 중요한 요소가 무엇일까요? 주전자의 크기, 물의 양, 스토
브의 종류 다 중요하지만 가장 중요한 것은 불의 세기입니다. 불
의 세기를 얼마만큼 올리느냐에 따라 물이 끓는 시간이 달라집
니다.

만일 예수님께서 우리에 대한 분노의 불꽃을 높이셨다면 우리
가 어떻게 되었을까요? 그런데 예수님은 우리에 대한 분노의 불

을 오래 참으셨습니다. 그 이유가 무엇일까요? 우리를 사랑하셨기 때문입니다. 사랑이 아니고서는 예수님께서 우리에 대한 분노를 참으신 것을 설명할 다른 방법이 없습니다. 우리에게 사랑이 없다면 우리가 누군가를 향해 분노를 오래 참아야 하는 일은 가능하지 않을 것입니다.

오직 주께서는 너희를 대하여 오래 참으사 아무도 멸망하지 아니하고 다 회개하기에 이르기를 원하시느니라 벧후 3:9

예수님은 누가복음에 나오는 747법칙과 비슷한 예화를 마태복음 18장에서도 말씀하셨습니다.

그러므로 천국은 그 종들과 결산하려 하던 어떤 임금과 같으니 결산할 때에 만 달란트 빚진 자 하나를 데려오매 갚을 것이 없는지라 주인이 명하여 그 몸과 아내와 자식들과 모든 소유를 다 팔아 갚게 하라 하니 마 18:23-25

달란트 비유를 보면 다섯 달란트를 돈으로 환산했을 때 20억에서 100억 정도의 가치라고 말하는데, 그러면 일만 달란트라는 것은 얼마를 가리킬까요? 우리는 억(億), 조(兆), 경(京), 해(垓)

이런 수의 단위를 알고 있습니다. 하지만 이것은 정말 셀 수도 없는 돈입니다. 그런데 어떤 사람이 임금에게 일만 달란트를 빚졌다는 것입니다. 도저히 갚을 수 없습니다. 그래서 그 종이 엎드려 절하며 이렇게 말했습니다.

내게 참으소서 다 갚으리이다 하거늘 그 종의 주인이 불쌍히 여겨 놓아 보내며 그 빚을 탕감하여 주었더니 마 18:26,27

그는 "용서해주세요, 자비를 베풀어주세요"라고 말하지 않았습니다.

"참아주세요."

그 말을 들은 왕은 그가 도저히 갚을 수 없다는 것을 알기에 그 사람을 불쌍히 여겨 모든 빚을 탕감해주었습니다. 그런데 이 이야기에 반전이 일어납니다. 일만 달란트를 탕감받은 사람이 자기에게 백 데나리온을 빚진 자를 붙들어서 멱살을 잡고 돈을 갚으라고 한 것입니다. 빚진 자의 간청도 뿌리치고 그를 감옥에 가두었다는 소식을 들은 임금은 당황스럽기 그지없었습니다.

"내가 너를 참아준 것같이 너도 네 동료를 참아주어야 마땅하지 않느냐?"

저는 자신에게 백 데나리온 빚진 자를 용서해주지 못한 이 사람이 과연 임금이 자신에게 베푼 그 은혜를 얼마나 깨달았을까 생각해보았습니다. 그는 자신이 받은 은혜와 사랑을 제대로 이해하지도 못하고 누리지도 못한 사람입니다. 임금에게 자비함이 없었던 것이 아닙니다. 임금이 베풀어준 자비를 가슴으로 깨닫지 못하고 자신의 삶에 인격적으로 고백하지도 못하고 감사하지 못할 때 임금의 자비조차 의미가 없어집니다.

우리가 오래 참지 못한다, 용서하지 못한다는 것은 나를 참아주신 하나님의 인내와 자비를 이해하지 못하고 경험하지 못한 사람이라는 의미입니다.

인내한 사랑의 결과

〈3초만 기다려보자〉라는 글이 있습니다.

엘리베이터를 탔을 때 '닫기'를 누르기 전 3초만 기다리자.
정말 누군가 급하게 달려오고 있을지도 모른다.
출발 신호가 떨어졌는데 앞차가 서 있어도
경적을 울리지 말고 3초만 기다려주자.
그 사람은 인생의 중요한 기로에서 갈등하고 있을지 모른다.

내 차 앞으로 끼어드는 차가 있으면 3초만 서서 기다리자.

그 사람의 아내가 정말 아플지 모른다.

친구와 헤어질 때 그의 뒷모습을 3초만 보고 있어주자.

혹시 그놈이 가다가 뒤돌아 봤을 때 웃어줄 수 있도록.

길을 가다가 아침 뉴스에서 불행을 당한 사람 이야기를 들으면

잠시 눈을 감고 3초만 그들을 위해 기도하자.

언젠가는 그들이 나를 위해 기꺼이 그리할 것이다.

정말 화가 나서 참을 수 없을 때라도

3초만 고개를 들어 하늘을 보자.

내가 화낼 일이 보잘것없지는 않은가….

차창으로 고개를 내밀다가 한 아이와 눈이 마주칠 때

3초만 그 아이에게 손을 흔들어주자.

그 아이가 크면 분명 내 아이에게도 그리할 것이다.

죄짓고 감옥 가는 사람을 볼 때 욕하기 전 3초만 생각하자.

내가 그 사람의 환경이었더라면 어떻게 되었을까.

아이가 잘못을 저질러 울상을 하고 있을 때

3초만 말없이 웃어주자.

잘못을 뉘우치며 내 품으로 달려올지 모른다.

아내가 화가 나서 소나기처럼 퍼부어도

3초만 미소 짓고 들어주자.

그래, *사랑*이 먼저다

그녀가 저녁에 넉넉한 웃음으로 한 잔 술을 부어줄지 모른다.

아무나 참을 수 있는 것은 아닙니다. 그러나 우리를 참아주신 주님의 사랑을 생각하고 조금만 참는다면 인내한 사랑의 결과가 돌아옵니다.

잠시 인내하면 망각의 은혜가 임합니다. 제가 아내와 26년을 살면서 싸우지 않고 살아온 이유가 무엇일까 생각해보았습니다. 우리 가정에 아무 문제가 없었던 것이 아니지요. 하지만 우리가 잠깐 참으면 하나님께서 망각의 은혜를 부어주셨습니다. 분노는 참으면 식습니다. 내가 그 사람을 사랑하기 때문에 조금만 기다려줄 수 있다면 그 사람에게서 소망을 보게 됩니다.

하나님의 진노를 피하는 방법은 이것입니다.

"하나님, 조금만 참아주세요. 하나님, 조금만 기다려주세요."

하나님께서 지금까지 우리를 기다려주셨기 때문에 오늘 우리가 하나님을 예배하고 있듯이, 이제는 우리가 누군가를 조금만 더 기다려줄 때입니다. 나를 위해 많은 것을 참아주신 그 하나님 때문에 내가 받은 사랑과 은혜를 생각하며 그렇게 참아보는 것, 그것이 747법칙입니다.

오늘 가장 가까이에 있는 한 사람을 참아주고 용서하는 하나님의 사랑을 실천해보시기 바랍니다.

LOVE

"사랑은 오래 참고 사랑은 온유하며 시기하지 아니하며
사랑은 자랑하지 아니하며 교만하지 아니하며
무례히 행하지 아니하며 자기의 유익을 구하지 아니하며
성내지 아니하며 악한 것을 생각하지 아니하며 불의를 기뻐하지 아니하며
진리와 함께 기뻐하고 모든 것을 참으며 모든 것을 믿으며
모든 것을 바라며 모든 것을 견디느니라"

—

고전 13:4-7

02

사랑은 먼저
친절의 수고를 감당한다

고린도전서 13장을 읽으며 사랑에 대해 묵상했습니다.

"사랑은 오래 참고 사랑은 온유하며…."

그때 사랑은 친절함이라는 생각이 들었습니다. 사랑하면 친절해지지 않을까요? 우리가 사랑한다고 하면서도 친절하지 않다면 그것은 잘못된 사랑이 아닌가 싶습니다.

사랑에서 나오는 친절

최근 TV 채널을 돌리다가 어느 종편 프로그램에서 패널로 나오는 장경동 목사님에게 눈길이 가서 그 프로를 잠시 보게 되었습니다. 마침 남녀 간의 차이에 대한 주제로 이야기를 나누고 있었습니다.

한 남자 패널이 말했습니다.

"아내가 좋아한다고 해서 남편이 꼭 설거지를 해야 하나요? 그렇게까지 하면서 꼭 살아야 하는 거예요? 난 그렇게는 못 살아요."

그때 장경동 목사님이 말했습니다.

"왜 못합니까? 사랑이 있으면 다 합니다. 사랑이 없으니까 못하는 겁니다. 사랑하는 사람이 별을 따다달라고 하면 그걸 왜 못합니까? 실제로 못 따다줘서 그렇지 따러 가지요."

그런데 아내를 위해 설거지가 하기 싫고 "그렇게는 못 산다"고 하는 것은 아내를 사랑하지 않는 것입니다. 갑자기 아내를 위해, 남편을 위해 무언가 하고 싶은 생각이 듭니까? 그것은 사랑하기 때문에 나오는 아주 작은 친절입니다. 그렇습니다. 사랑하면 그 사람을 위해 다 하고 싶어집니다. 사랑하는데 어떻게 친절해지지 않을 수 있겠습니까. 우리가 사랑에 대해 오해하는 부분이 있습니다. 사랑은 '내가' 그 사람에게 무엇을 해주는 것이라고 생각합니다. 그런데 사실 사랑은 '그 사람이 원하는' 무언가를 해주는 것입니다. 그래서 사랑하면 친절해지는 것입니다.

그래, 사랑이 먼저다

저는 예수님의 사랑을 생각하면 친절한 그분의 모습이 먼저 떠오릅니다. 예수님이 능력이나 기적을 일으키시는 모습, 십자가를 지셨던 모습도 떠오르지만 친절한 예수님의 이미지가 유난히 생각났습니다. 그런데 예수님은 왜 친절하셨을까요? 그 부분을 묵상하다보니 '예수님은 다른 사람들이 보지 못하는 무언가를 보기 시작하면서 친절하셨던 것이 아닐까?' 하는 생각이 들었습니다.

남들이 보지 못하는 것을 보는 마음

올해 제 아들이 신학대학원에 들어가게 되었습니다. 그 아들이 제게 물었습니다.

"아빠, 전도사가 되었을 때 제가 어떻게 하면 되죠?"

"아들아, 절대 이기적으로 살지 않았으면 좋겠어. 네가 전도사로 살아가는 동안 네가 하는 일 그 이상의 일을 하면 좋겠어. 네가 하지 않아도 되는 일에 대해, 그 일을 할 수밖에 없는 이유가 있는 사람이 되었으면 좋겠어.

내가 보기에 세상에는 세 종류의 사역자가 있는 것 같아. 자기 사역에 몰두해서 다른 사람들이 보이지 않는 이기적인 사람, 자기 사역을 하면서도 다른 사람들이 보이기는 하지만 자기를 희생하지 않는 자기중심적인 사람, 그리고 자기가 하지 않아도 되는 일이 보이면서 누군가의 필요를 위해 그 일을 하는 헌신적인 사람.

아빠는 네가 목회자가 된다면 그런 헌신적인 사람이 되면 좋겠다. 내가 하지 않아도 되는 일이지만 내 눈에 보이기 때문에 내가 하지 않고는 견딜 수 없는 사람이 되면 좋겠어. 그런 사람이 하나님이 쓰시는 사람이 아닐까?"

저도 제가 전도사로, 군목으로, 미국에서 부목사로 사역하던 모습을 떠올려보았습니다. 그럴 때 저 때문에 담임목사님들이 많이 힘드셨을 것 같다는 생각을 하게 되었습니다. 제가 미국에서 섬겼던 교회는 매우 안정된 좋은 교회였습니다. 그래서 편안하게 다니고자 하면 쉽고 편하게 다닐 수도 있었습니다.

그 당시 저는 교회학교를 담당하고 있었는데, 그런 제 눈에 미국인과 결혼해서 사는 한국 여인들의 아픔이 보였습니다. 성공한 이민자들과 그들의 자녀들이 승승장구하는 가운데 교회에서 기 한번 펴지 못하고 살아가는 여인들의 눈물이 보여서 저는 다짜고짜 담임목사님을 찾아갔습니다.

"목사님, 주일 오후 예배를 만들고 싶어요."

"그건 김 목사가 할 일이 아니에요. 교육목사 사역에 집중하세요."

"목사님, 저… 해보고 싶습니다."

"그러면 그렇게 해보세요."

그렇게 오후 예배를 만들고 함께 찬양하고 기도했습니다. 매 시간 눈물바다가 되었습니다. 그들의 삶이 보이고 아픔이 느껴져서 예배를 드리면 눈물부터 났습니다.

어느 주일 아침, 이번에는 성경공부를 해야 하는데 도저히 어떻게 하는지 모르는 사람들이 보였습니다. 말씀을 갈구하는 그들의 모습이 보여서 또다시 담임목사님을 찾아갔습니다.

"목사님, 주일 아침 일찍 성경공부반 하나 만들게요."

그때 저는 유학생이었고 학교에서 교회까지 140킬로 정도 되는 거리를 매주 아침 일찍 일어나 아이들을 차에 태우고 교회에 가서 성경공부를 인도하는 수고로움을 마다하지 않았습니다. 그 시절 제 눈에 보여서 한 일들은 어쩌면 제가 하지 않아도 되는 일들이었습니다. 그러나 지금에 와서 생각해보면 그 일들은 제 인생에 있어서 가장 강력한 투자였습니다. 왜냐하면 저의 작은 친절로 누군가의 삶이 변화되고, 누군가의 마음에 위로가 되고, 누군가의 삶에 사랑을 주었기 때문입니다.

친절하신 예수님

저는 예수님이 공생애 기간 동안 다니며 베푸셨던 그 친절이야
말로 다른 사람들의 눈에는 보이지 않은 그 일을 예수님이 하셨
기 때문에 열매가 있었다고 생각합니다. 예수님이 친절을 베푸신
일들에 대해 이야기할 때 자주 등장하는 인물이 있는데, 그중 한
명이 삭개오입니다.

예수님이 여리고를 지나가고 계셨는데 삭개오는 그 예수님을
보기 위해 돌무화과나무 위에 올라갔습니다. 그때 예수님의 눈
에 삭개오가 들어왔습니다. 사실 예수님이 그를 그냥 지나치셨
다고 해도 아무 문제가 없었습니다. 그러나 친절하신 예수님은
나무 위에 있는 삭개오를 보시고 이렇게 말씀하셨습니다.

삭개오야 속히 내려오라 내가 오늘 네 집에 유하여야 하겠다 눅 19:5

솔직히 이게 무슨 과잉 친절입니까? 예수께서 하실 일이 얼마
나 많은데, 왜 이런 친절을 베푸시는 걸까요? 사람들이 볼 때 삭
개오는 세리장이자 부자였고, 다른 사람들의 돈을 착취하는 죄
인이었습니다. 그런데 예수님은 다른 사람들의 눈에는 보이지 않
던 것을 보셨습니다. 그의 고독함을 보신 것입니다. 아무리 돈을

많이 모아도 함께할 사람이 없었고 다른 사람들의 것을 빼앗았기 때문에 늘 미움과 증오 속에 살아야 했던 삭개오의 모습이 주님의 눈에 보였던 것입니다. 예수님은 그런 삭개오의 집에 들어가셨고 예수님을 만난 삭개오의 인생도 달라졌습니다.

사랑은 친절합니다. 다른 사람에게는 보이지 않는 것이 내 눈에 보임으로써 친절한 사랑을 베풀게 되고, 그때 누군가의 인생을 변화시킬 수 있다면 그것이 우리 인생에 가장 위대한 일입니다.

이규현 목사님은《그대, 그대로도 좋다》두란노에서 사랑에 대해 이렇게 표현했습니다.

누군가 함께 밥을 먹자고 나에게 제안한다면 호감을 가지고 있다는 뜻이다. 밥을 함께 먹자는 것은 그냥 밥을 먹자는 것이 아니라 당신이 마음에 든다는 뜻이다. 마음에 들지 않은 사람과 식탁에 같이 앉는다는 것은 진땀나게 하는 고역이다. 중국인들이 자기 집으로 초대해서 같이 저녁을 먹자고 제의하는 것은 당신을 가족처럼 여긴다는 말이다.

맛있는 케이크를 나누어 먹으려고 할 때 큰 쪽을 상대에게 기꺼이 내어준다는 것은 사랑이다. 인간의 이기심은 케이크를 반쪽 나눌 때도 여실히 드러나게 되어 있다. 사랑은 맛있는 반찬을 상대에게 슬쩍 밀어 넣어주는 아주 작은 몸짓에서도 표현된다.

사랑은 궁금증 환자가 되게 한다. 무엇을 좋아하고 무엇을 싫어하는지 어떤 음식이나 색깔을 좋아하는지 궁금한 것이 많을수록 사랑이 깊어진다. 누군가 나에게 비밀을 털어놓는다면 사랑한다는 뜻이다. 묻지도 않는 자신의 이야기보따리를 풀어놓는다면 나에게 의지하고 싶다는 뜻이다. 자신의 속을 풀어 헤치는 일에는 큰 용기가 필요하다. 말하고 싶은 것은 넘치고 있지만 들어줄 대상을 만나지 못해 병든 사람이 한둘이 아니다.

누군가 내가 꼭 갖고 싶은 것을 사주었다면 그건 사랑이다. 사랑은 저절로 독심술의 경지에 이르게 한다. 자꾸 상대가 한 말이 신경 쓰인다면 사랑하고 있다는 증거다. 아침에 출근하는 남편에게 딸기가 먹고 싶다고 스쳐지나가듯이 한마디 했는데 남편이 저녁에 사 들고 온다면 그것은 딸기가 아니라 사랑 덩어리다. 그러나 무엇인가 사 들고 왔는데 남편이 좋아하는 군고구마라면 이는 과하게 표현해 같이 살고 싶지 않다는 뜻이다.

사랑은 언어보다 비언어에 더 민감해진다. 귀에 들리는 말이 아니라 말의 행간에 들어 있는 숨은 의미와 꼭꼭 묻어둔 감정을 알아차리는 것이 사랑이다.

내가 사랑한다면 절대 그 사람의 말을 쉽게 지나칠 수 없습니다. 내가 사랑한다면 그 사람에게 케이크 반쪽이라도 나누어주고 싶어집니다. 사랑과 친절은 절대 떨어질 수 없는 것입니다.

사랑하면 그의 아픔이 보인다

그러면 왜 예수님에게만 삭개오의 아픔이 보였을까요? 삭개오
는 세리장이었고 그 지위를 이용해서 많은 돈도 벌었습니다. 다
른 사람들이 볼 때 그는 절대 위로를 받을 만한 사람이 아니었습
니다. 그러나 예수님은 그의 영혼을 바라보시며 그 영혼의 궁핍
함을 보셨습니다. 그의 고독함을 보셨습니다. 그렇기 때문에 그
에게 사랑을 베풀어야겠다고 생각하셨습니다.

제가 말씀을 묵상하던 중 우리가 이 시대를 사는 크리스천이
라면 이런 생각을 한 번쯤 해보았으면 좋겠다고 생각했습니다.
요즘 얼마나 많은 대형 사건들이 일어납니까? 그런데 우리는 그
런 사건을 마주할 때마다 정의를 외칩니다. 어떻게 해서든 그 문
제를 정의롭게 정당하게 해결해야 한다고 하고, 또 정의의 이름
으로 잘못한 사람들을 정죄하고 판단합니다.

그런데 주님은 제 마음에 못된 죄를 저지른 사람, 그 사람 때
문에 얼굴을 들고 살아갈 수 없게 된 그들의 가족과 자식의 고
통, 그들의 아픔은 왜 보지 못하는지에 대해 말씀하시는 것 같았

습니다. 우리가 아무리 정의의 이름으로 누군가를 신랄하게 정죄하고 잔인하게 판단해도, 우리가 외치는 정의만으로는 정의로운 세상이 되지 않습니다.

삭개오를 정의의 잣대로 쟀다면 예수님은 절대 삭개오의 집에 들어가셔서는 안 됩니다. 솔직히 삭개오는 아주 나쁜 사람입니다. 로마에 빌붙어 동족을 착취하여 자기 배를 채운 사람입니다. 만약 정의로 그를 판단하면 그는 죽어 마땅할 것입니다.

그러나 예수님에게는 정의만 보인 것이 아니라 그의 아픈 마음이 보였습니다. 그동안 잘못 살아온 과거 때문에 아무도 그와 함께하지 않고 그를 받아주지 않아 고통스러운 그의 마음이 주님께 보인 것입니다.

정의보다 사랑이 먼저다

우리가 정의라는 이름으로 실은 복수할 때가 많습니다. 내가 받은 손해에 대해 정당히 받아야 되겠다고 하는 복수 말입니다. 우리나라는 정권이 바뀌면 제일 먼저 정의를 내세웠습니다. 그러나 실은 정의를 가장하여 불의와 보복을 일삼은 것입니다. 이것이 우리가 살아가는 이 세상의 모습입니다.

그런데 예수님께서 정의를 외치는 사람들에게는 보이지 않는, 친절과 사랑의 눈으로 삭개오를 보셨습니다. 놀라운 것은 그동안 정의로는 변화되지 않던 삭개오가 예수님의 친절한 사랑 앞에서 변했다는 것입니다. 그의 인생은 완전히 바뀌었습니다. 그가 가진 모든 것을 내놓았고, 거기에 그치지 않고 그가 가진 것으로 누군가를 사랑하며 돕는 사람이 되겠다고 결단합니다.

우리가 알고 있는 이 세상의 수많은 감동적인 스토리들이 정의 때문에 일어난 일인가요? 아니면 정의를 뛰어넘는 사랑 때문에 일어난 일인가요? 적어도 우리가 하나님의 사람이라면 사랑으로 잘못된 것을 이기고 정의 그 이상의 것을 만들어낼 수 있어야 합니다. 그것이 우리가 꿈꾸는 일이라고 생각합니다.

친절함, 그 사랑의 수고

친절에는 수고가 필요합니다. 친절하기 위해서는 우리의 사랑의 의지가 필요합니다. 예수님이 삭개오의 집에 들어가셨던 것은 우연이 아닙니다. 많은 사람들과 함께 길을 가시던 예수님이 삭개오의 고독함을 보시고 그의 집으로 들어가시는 수고를 감당해 주셨습니다. 그 수고가 삭개오의 인생을 바꿔놓았습니다. 친절은 내 삶에 의무를 다하는 것 그 이상의 의지적 행동에서 나옵니다.

> 그러므로 우리는 기회 있는 대로 모든 이에게 착한 일을 하되 더욱
> 믿음의 가정들에게 할지니라 갈 6:10

그렇습니다. 우리는 기회가 있을 때마다 우리가 할 수 있는 친절을 베풀어야 합니다. 하나님께서 먼저 우리에게 친절을 베푸셨습니다. 그렇기 때문에 어쩌면 우리는 하나님 앞에 이런 질문을 던질지도 모릅니다.

"하나님, 제가 하나님의 친절을 받을 만한 자격이 있습니까? 정말 하나님이 저에게 찾아오실 만한 자격이 있습니까?"

저는 우리에게 자격이 있다고 분명히 말씀드립니다. 왜냐하면 하나님은 우리 행동의 잘못을 보시는 것이 아니라 우리 안에 있는 고통과 고독과 눈물을 보시기 때문입니다.

이제 이렇게 고백해보십시오.

"하나님, 저에게 친절을 베풀어주세요. 정의의 잣대로 보면 저는 절대로 하나님 앞에 설 수 없는 사람입니다. 그러나 하나님의 친절을 저에게 베풀어주시옵소서. 하나님, 제 안에 들어오시옵소서."

우리가 받은 친절로 또 다른 누군가에게 예상할 수 없는 친절

을 베풀게 되고, 그럴 때 또 누군가는 인생이 달라질 수 있습니다. 이것이 사랑의 역사입니다. 예수님의 사랑의 의지와 수고의 친절이 삭개오의 인생을 바꾸어놓았듯, 우리 또한 사랑하는 사람을 정의의 잣대로 바라보는 것이 아니라 사랑하기 때문에 친절한 수고를 감당할 때 또 다른 사랑의 역사가 일어날 것입니다.

지금 당장 주위를 둘러보십시오. 우리 자녀들과 부모님을 바라보십시오. 마음에 들지 않는 자녀들의 모습만 보지 말고, 잔소리하는 부모님을 보면서 '우리 부모님은 왜 이럴까?' 하지 말고, 자녀들의 마음, 부모님의 가슴속에 있는 아픔과 고독을 보십시오. 그리고 우리 안에 친절한 하나님의 사랑이 일어나길 기대하십시오.

그동안 보지 못했던 서로의 아픔과 외로움이 보이기 시작합니까? 그렇다면 서로 안고 기도해주세요. 그것이 사랑의 씨앗이 될 것입니다. 내가 먼저 손 내밀지 못하고 내가 먼저 용서하지 못한 죄를 회개합시다.

LOVE

"사랑은 오래 참고 사랑은 온유하며 시기하지 아니하며
사랑은 자랑하지 아니하며 교만하지 아니하며
무례히 행하지 아니하며 자기의 유익을 구하지 아니하며
성내지 아니하며 악한 것을 생각하지 아니하며 불의를 기뻐하지 아니하며
진리와 함께 기뻐하고 모든 것을 참으며 모든 것을 믿으며
모든 것을 바라며 모든 것을 견디느니라"

—

고전 13:4-7

03

사랑은 먼저
상대방을 배려한다

사랑은 시기하지 않습니다. 사랑은 자랑하지 않습니다. 사랑은 교만하지 않습니다. 그런데 우리는 왜 온유하지 못하고 왜 자꾸 누구를 시기할까요? 왜 자기를 자랑하고 교만해져서 누군가에게 상처를 줄까요? 이유는 단 한 가지인 것 같습니다. 우리가 사랑하지도, 사랑받지도 못하기 때문입니다.

몇 년째 교제하고 있는 목사님이 있습니다. 목사님뿐 아니라 사모님과도 매우 친하게 지냅니다. 그런데 그 목사님이 생선회를 좋아하지 않는다는 것을 그 분과 만난 지 3년 만에야 알았습니다. 사모님이 고기를 좋아하지 않는다는 것도 3년 만에 알았습니다. 어떻게 3년 동안 모를 수 있었을까요?

그동안 그 분은 저와 함께 식사를 하면서 한 번도 자신이 원하는 것을 주장했던 적이 없었습니다. 그러니 3년이라는 시간이 흘렀어도 몰랐던 것입니다. 저는 그것을 깨닫고 뭐라고 표현할 수 없는 마음이 드는 한편 기쁘기도 했습니다. 그 분이 저를 위해 늘 배려하고 있었기 때문입니다. 저를 사랑하기 때문입니다.

우리가 누군가를 사랑하면 상대방을 배려할 수밖에 없습니다. 그러면 배려하는 것이 무엇일까요? 그 사람이 나 때문에 마음 아픈 것이 싫고, 그 사람이 나 때문에 상처받는 것이 싫은 것입니다. 그래서 그 사람을 위해 조금 더 생각하고 조금 더 참아주는 것, 그것이 배려입니다.

누군가를 배려하는 것은 그 사람을 사랑하는 사람만이 할 수 있는 것 같습니다. 혹 누군가에게 상처를 준 적이 있나요? 그래서 마음이 아프고 상했나요? 그렇다면 그것은 어쩌면 우리 가운데 깨어진 사랑 때문이 아닐까 생각합니다.

그 사람을 위해서라면…

얼마 전에 큰 흥행을 한 영화 〈명량〉을 보았습니다. 사람들이 왜 그 영화를 그렇게 많이 볼까 해서 영화를 아주 진지하게 봤고 좋은 영화라는 생각도 했습니다. 이번에 우리 교인 중 한 분이 그 영화에 투자를 했기에 더 관심을 가지고 보게 되었습니다.

제가 목회자가 되고 나서 느끼는 것이 있습니다. 교인들이 잘 되면 제 마음도 기쁘고, 교인들이 힘들면 제 마음도 아프다는 사실입니다. 그럴 때 저는 '아, 내가 우리 교인들을 참 사랑하는구나'를 느낍니다. 사랑은 우리로 하여금 사랑의 수고를 하게 만듭니다. 내가 하고 싶은 것만 하는 것이 아니라 그 사람이 기뻐하는 일, 그 사람에게 힘이 되는 일이라면 무엇이든 할 수 있도록 만듭니다.

〈명량〉은 이순신 장군의 명량해전을 다루고 있습니다. 저는 이 영화에서 이순신 장군과 그의 아들 이회가 대화하는 모습을 보며 이순신 장군의 마음을 알게 되었습니다.

이순신 장군은 선조에게서 수군을 파하고 육상군에 합류하여 싸우라는 교지를 받습니다. 그에게 바다는 목숨과도 같은 곳인데, 왕이 그곳을 버리라고 한 것입니다. 그러나 이순신 장군은 바다를 버리지 않습니다. 아직 12척의 배가 남아 있다며 전투할 준비를 합니다.

그때 아들 회가 아버지에게 말합니다.

"아버지, 이제 그만두세요. 너무 억울하지 않습니까? 왕도 아버지를 버렸고, 사람들도 아버지를 버렸습니다. 그런데 아버지는 왜 죽음을 무릅쓰고 싸우시는 겁니까?"

그때 이순신 장군이 멋진 대답을 합니다.

"무릇 장수 된 자의 의리는 충(忠)을 따르는 것이고, 그 충은 임금이 아니라 백성을 향해야 한다."

그는 백성들을 사랑하기 때문에 전쟁을 한 것입니다.

영화에서는 사랑하는 그 마음 때문에 죽은 사람도 있었습니다. 임준영이라는 인물은 조선의 탐망꾼으로 이순신 장군을 구하기 위해 자신은 죽음을 택합니다. 그 모습을 본 그의 벙어리 아내는 슬픔으로 가득 찹니다. 그러나 그 순간 그녀가 할 수 있는 최선은 남편의 뜻에 따르는 것뿐이었습니다. 그녀가 이순신 장군이 타고 있던 배의 방향을 돌리기 위해 빨간 치마를 깃발 삼아 흔들 때 어찌나 제 마음이 아프던지요.

사랑이 그렇습니다. 죽음을 무릅쓰고서라도 사랑하는 사람을 살리고 싶은 것이 사랑입니다. 그 사람을 위해서라면 죽을 수도 있는 것이 사랑입니다.

사랑의 대적, 시기심

저는 〈명량〉을 보면서 일본이 그 전쟁에서 질 수밖에 없었던

그래, 사랑이 먼저다

이유를 생각해보게 되었습니다. 일본군은 같은 편이 죽어가는데도 동료를 구하러 가지 않았습니다. 그 속에 시기하는 마음이 있었기 때문입니다. 우리에게 사랑의 대적이 있다면 바로 '시기심'인 것 같습니다.

시기심에 대해 생각하면 맨 처음 떠오르는 인물이 있습니다. 바로 이스라엘의 초대 왕이었던 사울입니다. 사울은 왕이고 다윗은 그의 부하였습니다. 그런데도 사울은 자신의 부하가 잘 싸워서 전쟁에 이겼고 그래서 사람들이 다윗을 칭송한 것뿐인데, 그것을 마음에 받아들일 수 없었습니다.

참 이상하지 않습니까? 왜 사울은 다윗이 칭송을 받으면 자신이 버림받을 거라 생각했을까요? 자신의 부하가 잘하면 나도 따라 영광을 받을 수 있다는 생각은 왜 하지 못했을까요? 시기심 때문에 그렇습니다. 주위에 다른 누군가가 사랑을 받을 때 그 사랑 때문에 나는 버림을 받는다고 생각하는 것이 시기심입니다. 시기심이 우리 안에 들어오면 미움이 생깁니다.

예수님을 시기했던 사람들이 있었습니다. 예수님 당시의 바리새인, 사두개인, 제사장들은 모두 훌륭한 지도자들이자 언변이 뛰어난 자들이었습니다. 그런데 성경을 보면 예수님의 가르침이 그들과 같지 않았다고 합니다. 그래서 많은 사람들이 예수님께 몰려듭니다. 그러자 그때부터 바리새인들과 사두개인들과 제사장들은 예수님을 죽이기로 작정합니다.

저는 이런 생각을 해보았습니다.

'만일 예수님이 아무리 놀라운 말씀을 하셨다고 해도 사람들이 예수님을 따르지 않았다면, 그들은 절대로 예수님을 죽이려고 생각하지 않았을 것이다.'

그들은 사람들의 관심이 자기들에게서 예수님께로 돌아간 것을 참을 수가 없었던 것입니다. 시기심 때문입니다. 지금 우리를 힘들게 하는 것이 무엇입니까? 누군가가 잘되면 심기가 무척 불편해집니까? 시기심이 일어날 때 우리가 분명히 알 수 있는 것이 있습니다.

'내가 사랑하는가, 사랑하지 않는가?'

시기심은 바로 이것을 깨닫게 합니다.

우리 안에 사랑이 없다

때때로 교회에서 다툼이 일어납니다. 그중 하나가 은퇴한 담임목사와 후임 목사 사이에 갈등이 생기는 것입니다. 교회를 사랑하는 마음으로 은퇴를 결정하고 후임자에게 교회를 맡겼는데, 막상 후임 목사가 잘하는 것을 볼 때 마음이 어려워진 것입니다.

또 오랫동안 자신과 함께 신앙생활 했던 교인들의 마음이 후임자에게 기우는 것을 보기 때문입니다. 그러면서 점점 교회에 간섭하게 되면서 문제가 발생합니다.

교회 안에 무엇 때문에 문제가 생기는지 보십시오. 세상의 악에 대하여 어떻게 싸워나갈지, 선교의 방법론 때문에 싸우는 것이 아닙니다. 교회에서 열심히 봉사하고 서로 인정받고 싶은 마음 때문에, 다른 사람이 인정받는 것을 견디지 못하면서 갈등이 일어납니다.

이런 갈등은 우리나라 근현대사에도 계속되었습니다. 정쟁은 끊이지 않고 일어났고 서로 칭찬하는 모습은 본 적이 없습니다. 어째서 상대 당을 칭찬하지 못할까요? 정말 다 잘못하기만 하는 걸까요? 저는 우리가 정말 불행한 시대에 살고 있다고 생각합니다. 왜 그럴까요? 우리가 같은 민족으로서 같은 나라에서 함께 살아가면서도 한마음으로 나라를 사랑하기보다 상대방을 이기는 것이 더 중요하다고 생각하기 때문입니다. 우리 안에 사랑이 없는 것입니다.

시기심이 발동하면 진리는 보이지 않습니다. 하나님의 일하심이 보이지 않습니다. 시기심이 내 안에 들어오면 하나님이 놀랍게 일하셔도 그것이 하나님의 역사로 보이지 않습니다. 그래서 누군가를 비방하고 누군가를 판단합니다. 정말 불편한 진실입니다.

하나님을 신뢰하라

그렇다면 시기심을 극복할 수 있는 방법이 무엇일까요? 시편 37편은 시기심을 극복할 수 있는 방법에 대해 말씀합니다.

불의를 행하는 자들을 시기하지 말지어다 시 37:1

여호와를 의뢰하고 선을 행하라 시 37:3

불의한 것들을 생각하지 말고, 여호와를 의뢰하고 선을 행하라고 하십니다. 우리 안에 여호와를 신뢰하는 마음이 있습니까? 저는 이 말씀을 묵상하면서 시기심은 여호와를 신뢰하지 못하기 때문에 일어난다는 것을 깨달았습니다.

하나님을 신뢰하지 못할 때 우리 안에 불공평하다는 생각이 자꾸 들어옵니다. 내가 하나님의 사랑을 받지 못하기 때문에 누군가에게 임하는 사랑이 불공평하게 느껴지는 것이지요. 혹시 아직도 너무 불공평하다는 생각을 하고 있습니까? 그렇다면 하나님을 신뢰하지 못하고 있는 것입니다.

마땅히 생각할 그 이상의 생각을 품지 말고 오직 하나님께서 각 사

람에게 나누어 주신 믿음의 분량대로 지혜롭게 생각하라 롬 12:3

이 말씀을 반대로 풀어보면 이렇습니다.

"믿음의 분량대로 생각하지 못하는 사람은 마땅히 생각할 것 그 이상의 생각을 늘 품게 된다."

우리가 우리 믿음의 분량대로, 하나님이 주신 것을 감사함으로 받으면 감사할 수 있는데, 사실 그것이 잘 안 됩니다. 저도 마찬가지입니다. 저는 목회를 하면서 조바심이 참 많이 났습니다. 교인 수도 늘고 교회도 부흥했지만 그럴수록 조바심은 더 늘어만 갔습니다.

저는 책을 쓰는 사람입니다. 그런데 제가 쓴 책보다 다른 사람의 책이 많이 팔리면 부러웠고, 그 사람이 나보다 나을 것이 없다는 생각이 들면 부러움이 아니라 시기심으로 변했고 이해할 수 없다는 생각을 품게 되었습니다. 이렇게 자기 것에 만족하지 못하고 부러워할 때 그 부러움이 시기심으로 변합니다.

어느 날 새벽에 기도하는데 하나님이 제게 이런 마음을 주셨습니다.

'하나님은 필요한 때에 사람을 세우시고 필요한 때에 사람을 보내신다. 내가 만일 그 자리에 없다면 나는 아직 준비가 안 된 것이고, 누군가 그 자리에 있다면 하나님이 필요해서 그 사람을

보내신 것이다.'

그때 알았습니다. 하나님은 나의 믿음의 분량대로, 내게 필요한 만큼 일해주시는 분이라는 것을요.

하나님이 세워주시는 그 자리

사람들은 누구나 명예를 얻기 좋아합니다. 그런데 이 명예에는 두 가지가 있다고 생각합니다. 하나는 내가 원하는 곳에 가 있을 때 스스로 명예롭다고 여기는 사람의 경우이고, 다른 하나는 하나님께서 세워주시는 그 자리에 있을 때 내가 명예롭다고 생각하는 사람의 경우입니다.

내가 원하는 곳에 가야 명예롭다고 생각할 때 그 사람에게는 늘 시기심이 있습니다. 왜냐하면 내가 원하는 그 자리에 다른 누군가 있기 때문입니다. 반면 하나님이 원하시는 곳에 내가 있을 때 명예롭다고 생각하는 사람은 기다릴 줄 압니다. 그리고 겸손합니다. 분명히 두 가지 명예는 다르다고 생각합니다.

2013년 12월, 한 신문사에서 연락이 왔습니다. 글을 기고해줄 수 있느냐는 문의였습니다. 일반 신문사는 영향력도 있고 원고료도 많이 주니 당연히 흔쾌히 수락했습니다. 그런데 며칠 뒤 그

곳에서 다시 전화가 왔습니다.

"죄송합니다, 목사님. 필진이 다른 분으로 바뀌었어요."

그런데 그 말을 듣는데 진짜 화가 안 났습니다. 제가 어떤 생각이 들었느냐 하면 '아, 하나님 편에서 나보다 더 필요한 사람이 그 일을 하겠구나' 이런 순수한 생각이 났습니다. 하나님은 늘 적절한 곳에 적절한 사람을 쓰시는 분이라는 생각에 제 마음이 참 평안해졌습니다.

제가 책을 많이 읽는 목사로 알려지면서 추천서를 써달라는 요청을 많이 받습니다. 그런데 참 이상하게 제가 제 이름으로 추천한 책들이 많이 있는데도 불구하고 다른 사람이 추천한 책을 보면 또 부러운 것입니다. 도대체 왜 이런 생각이 드는 걸까요?

그때 하나님이 깨닫게 하셨습니다.

"네가 하는 일은 네가 필요하기 때문에 내가 너를 쓰는 것이고, 그 사람이 하는 일은 그 사람이 필요하기 때문에 내가 그 사람을 쓴다."

이것이 믿어집니까? 만약 이것이 믿음으로 와 닿지 않는다면, 우리는 누군가를 질투하고 시기하게 됩니다.

사랑하면 수긍이 된다

　최근 저는 우리 사회를 바라보며 '정의'에 대해 자주 생각하게 되었습니다. 진실의 이름으로 많은 것들이 난무하는 것을 보게 되었습니다. 공의가 무엇입니까? 공의의 기준을 도대체 어디에 두고 있는 것입니까? 내 생각에 맞으면 공의롭고 내 생각과 다르면 공의롭지 않습니까? 내가 납득이 가야 공의롭다고 생각합니까? 그것은 공의로운 것이 아닙니다. 그것은 교만입니다.

　나에게 사랑이 있으면 그 사람이 나보다 낫다는 생각이 듭니다. 나에게 사랑이 있으면 시기심을 이길 수 있습니다. "아버지는 아들이 잘났다고 하면 기뻐하고 형은 아우가 더 낫다고 하면 노한다"는 속담이 있습니다. 사람들이 제 아들을 보고 저에게 "아유, 목사님보다 잘생겼네요"라고 하면 저는 그 말에 수긍이 갑니다. 아들을 사랑하기 때문입니다.

　사랑하니까 수긍이 됩니다. 이렇게 수긍이 된다는 것은 객관적인 어떤 사실에 관한 것이기도 하지만 그것이 그저 기쁜 것이기도 합니다. 제가 생각하기에 제가 만나교회 담임목사로서 훌륭한 점이 하나 있습니다. 저는 부목사님들이 잘하는 게 정말 좋습니다. 진짜입니다. 부목사님들이 잘하는 것을 기뻐합니다. 왜냐하면 제가 부목사님들을 정말 사랑하기 때문입니다.

시기하지 말아야 합니다. 그런데 "시기하지 말자"고 아무리 많이 말하고 다짐해도 그것으로는 아무런 해결이 되지 않습니다. 그 사람을 사랑하지 않으면 시기의 문제가 해결되지 않습니다. 하나님이 나를 사랑하시는 그 사랑으로 나를 세워주셨다는 믿음이 없으면 다른 사람을 인정하기가 너무 힘들어집니다.

내가 받은 사랑을 생각해보라

하나님의 사랑을 많이 받은 우리는 누군가를 많이 사랑할 수 있습니다. 사랑은 자랑하지 않으며 교만하지 않는다고 했는데 그렇게 상대방을 먼저 생각할 수 있으려면 어떻게 해야 합니까?

오직 겸손한 마음으로 각각 자기보다 남을 낫게 여기고 빌 2:3

남을 낫게 여긴다는 말은 "계산하다, 평가하다"라는 의미를 가지고 있습니다. 그러니까 아무리 생각하고 계산해봐도 그 사람이 자기보다 낫다고 여기는 마음을 가져야 한다는 것입니다. 그런데 다른 사람을 낫게 여긴다고 해서 나를 천하게 여긴다는 것은 아닙니다. 나를 향한 하나님의 사랑과 겸손한 마음이란,

나는 할 수 있는 것이 없고 그 사람이 뛰어나다는 것이 아닙니다. "내가 모든 것을 다 할 수는 없지만 내게 주어진 일을 내가 능히 기쁘게 감당한다. 그렇기 때문에 그 사람을 향한 하나님의 계획도 인정한다"는 뜻입니다.

마태복음 20장에 나오는 포도원 품꾼의 비유를 생각해봅시다. 어떤 주인이 품꾼을 쓰는데, 9시, 12시, 3시, 5시에 사람들을 데리고 와서 일하게 합니다. 그런데 이때 문제가 생깁니다. 주인이 돈을 주는데 모두 똑같이 주는 것입니다. 먼저 와서 더 많이 일한 사람은 불만을 품습니다. 적게 일한 사람도 자신과 똑같은 돈을 받으니 억울한 것이지요.

그런데 신기하게도 내가 많이 일한 것은 억울한데, 나보다 더 많이 일한 사람과 내가 같은 돈을 받는 것은 억울하지 않습니다. 만일 내가 가장 많이 일한 사람이라고 생각해봅시다. 내가 가장 많이 일해서 억울하다고 생각할 수 있지만, 사실은 주인이 자신을 불러주지 않았다면 나는 일을 하거나 돈을 받을 수 있는 자격도 없는 사람입니다.

우리는 자신이 받은 사랑을 생각하지 않습니다. 주인이 자신을 선택해주지 않았다면 그 자리에 있을 수도 없는 존재라는 것을 생각하지 못할 때 우리는 불공평하다고 생각합니다. 그러나 우리는 많은 사랑을 받은 사람입니다. 주인이 불러주시지 않았다면 우리가 사랑받을 수 없는 존재임을 이제 고백하십시오. 그럴 때 불공평하다는 말이 사라지고 단지 하나님의 사랑만이 우리 가운데 있을 것입니다.

말씀과 같이 하나님을 아는 모든 사람들이 자기보다 남을 낫게 여기는 상상을 해보았습니다. 모두가 남을 낫게 여기면 모든 사람이 나은 사람이 되는 것입니다. 저는 이것이 하나님의 놀라운 작전이라고 생각합니다.

"당신이 나보다 나은 사람입니다. 당신은 소중한 사람입니다. 내가 받은 놀라운 사랑만큼이나 당신을 향한 놀라운 하나님의 사랑이 있습니다."

이렇게 고백할 때 우리는 우리 속에 있는 시기심을 다 이기고 하나님의 사랑을 목도하며 살아갈 수 있을 것입니다.

LOVE

"사랑은 오래 참고 사랑은 온유하며 시기하지 아니하며
사랑은 자랑하지 아니하며 교만하지 아니하며
무례히 행하지 아니하며 자기의 유익을 구하지 아니하며
성내지 아니하며 악한 것을 생각하지 아니하며 불의를 기뻐하지 아니하며
진리와 함께 기뻐하고 모든 것을 참으며 모든 것을 믿으며
모든 것을 바라며 모든 것을 견디느니라"

—

고전 13:4-7

04

자기 권리보다
사랑이 먼저다

사랑은 무례히 행하지 않습니다. 사랑은 예의가 있습니다. 그러면 사랑과 무례함은 어떤 관계가 있을까요?

종종 다른 사람이 있는데도 남편이 아내에게, 아내가 남편에게 무례한 모습을 볼 때가 있습니다. 또 아무리 부모라도 자녀에게 무례하게 대하는 것을 보면 사랑이 느껴지지 않아 참 무안해집니다. 무례함과 사랑은 정말 다른 것 같습니다.

자라난 환경이 좋지 않았다고 해서 다 무례해지는 것은 아닙니다. 아무리 그런 환경에서 자랐어도 주님의 사랑을 받았다면 무례하지 않을 것이기 때문입니다.

주님도 이렇게 말씀하셨습니다. 747법칙입니다.

"너희들이 적게 용서받아서 나를 적게 사랑하는 것 같구나. 너희들이 용서와 사랑을 많이 받았다면 나를 많이 사랑할 텐데…."

하나님의 사랑을 받으셨습니까? 하나님의 친절을 경험해보셨습니까? '만일 하나님이 정말 정의와 공의로 나를 판단하셨다면 나에게까지 찾아오실 수 없었을 텐데…' 이런 생각이 들지 않으십니까? 그럼에도 불구하고 나를 찾아오신 하나님의 그 사랑 때문에 우리도 친절하고 예의가 있었으면 좋겠습니다.

과분한 사랑과 은혜

저는 목회자로 살아가면서 보람 있는 일들이 많습니다. 그중에 하나님의 말씀을 대언하여 설교했을 때, 성도들에게 은혜를 받았다는 말을 들으면 참 기쁩니다. 목회자로서 하나님의 말씀이 살아 있고 활력이 있어서 우리 심령의 골수를 찔러 쪼개는 데에 제가 사용된 것보다 더 큰 기쁨과 감사가 어디 있겠습니까?

그런데 어떤 분들은 은혜를 받고 감사하다는 말로 그치지 않고 그것을 사랑으로 표현하기도 합니다. 저는 해외에서 집회를 마치고 돌아올 때 비행기 좌석이 비즈니스로 업그레이드되는 경험을 많이 했습니다. 정말 감사하죠. 하나님의 사랑과 은혜가 아니면 일어날 수 없는 일입니다.

저는 비행기를 탈 때 누군가의 은혜로 탄다고 생각해서 늘 감사한 마음이 있고 그래서 좀 더 예의 바른 승객이 됩니다. 승무원이 무엇을 갖다 주든지 고맙다는 말을 잊지 않고 친절한 승무원의 이름을 기억해뒀다가 항공사 홈페이지에 감사의 메시지를 남기기도 합니다.

반면에 참 무례한 사람도 있습니다. 언젠가 대기업의 임원이 승무원의 서비스를 문제 삼으며 무례하게 굴다가 사건이 확산되면서 급기야 회사에서 파면당한 일까지 있었습니다.

그러면 도대체 왜 이런 일이 일어날까요? 자신이 돈을 냈기 때문에 당연히 그 특권을 누려야 한다고 생각하면 친절하기 어렵고 자기 마음에 조금이라도 성에 안 차면 무례해집니다. 이것이 무례함의 특징인 것 같습니다. 자신이 마땅히 받아야 될 대우를 받지 못한다고 생각할 때 무례해집니다. 어찌 보면 일종의 특권 의식이기도 합니다.

그러나 사랑은 무례해지지 않습니다. 오히려 자신이 너무 과분한 사랑을 받고 있다고 고백합니다.

"하나님, 저 같은 사람이 이런 대우를 받는다는 것이 얼마나 감사한지 모릅니다."

단순히 비행기 좌석이 이코노미에서 비즈니스로 업그레이드되는 차원 정도의 감사가 아닙니다. 지옥을 향해 가고 있는 우리를 하나님의 자녀로 신분을 바꿔주신 것이 정말 감사한 것입니다. 그래서 이 땅 위에 살아가는 동안 우리는 무례할 수 없는 것입니다. 이것이야말로 하나님의 사랑을 아는 우리가 믿음을 고백하는 방법이 아닐까요?

우리가 특권을 누리는 데에는 두 가지 경우가 있습니다. 하나는 감사로 특권을 누리는 것이고, 다른 하나는 교만하게 그 특권을 누리는 것입니다. 하나님의 자녀인 우리는 감사로 특권을 누리는 사람입니다. 그리고 그 특권을 날마다 감사로 고백하게 될 때, 우리는 친절하고 예의 바른 사람이 될 수 있습니다.

우리가 마땅히 받고 누릴 수 있는 권리보다 사랑이 더 중요하다고 고백하게 될 때부터 우리는 진정한 하나님의 자녀로 살아가게 될 것입니다.

예수님의 권리 포기

우리가 분노하게 되는 이유가 무엇입니까? 자신이 부당한 대우를 받았다고 생각할 때 우리 안에 분노가 생깁니다.

필립 얀시는 《놀라운 하나님의 은혜》IVP에서 이렇게 말합니다.

교회가 의로운 사람들의 모임이나 정치적으로 깨끗한 곳이라기보다는 다른 죄인들을 환영하는 죄인들의 모임으로 인식되는 날이 오기를 고대한다.

그는 오늘날 교회에 사랑이 없는 이유가 교회 안이 수많은 의인들로 가득 찼기 때문이라고 말합니다. 그렇습니다. 우리가 하나님 앞에 죄인임을 고백하고 또 다른 죄인이 하나님의 은혜를 받기 위해 교회에 온다고 생각하면 무례하지 않을 텐데, 교회 안이 너무나 많은 의인들로 가득 차서 싸움과 무례함이 난무하는 것입니다.

우리가 누려야 할 당연한 권리를 생각하는 것이 아니라 하나님의 은혜와 예수님의 사랑을 생각하는 것, 그 은혜와 사랑을 가장 명확하게 표현하는 것이 '권리 포기'입니다.

너희 안에 이 마음을 품으라 곧 그리스도 예수의 마음이니 그는 근본 하나님의 본체시나 하나님과 동등됨을 취할 것으로 여기지 아니하시고 오히려 자기를 비워 종의 형체를 가지사 사람들과 같이 되셨고 사람의 모양으로 나타나사 빌 2:5-8

하나님은 하나님의 권리를 포기하시고 우리와 같이 되심으로 우리를 향한 하나님의 사랑을 보여주셨습니다. 예수님이 십자가에 달리셨을 때 우리는 그 사랑을 보았습니다. 예수님이 십자가에 달리셨을 때, 예수님 양쪽으로 두 강도도 십자가에 달렸습니다. 그때 한 강도가 예수님을 조롱하며 말했습니다.

네가 그리스도가 아니냐 너와 우리를 구원하라 눅 23:39

강도는 예수님이 그리스도라면, 그럴 힘이 있다면 우리를 구원할 수 있다고 생각했습니다. 물론 예수님은 그럴 수 있는 분입니다. 그러나 그 권리를 포기하셨습니다. 자신에게 있는 힘을 써서 권리를 드러내는 것보다 우리를 사랑하셔서 십자가에 달리신 것입니다.

일방적으로 먼저 사랑하라

사랑은 일방적입니다. 사랑이 먼저입니다. 만일 우리가 상대방의 사랑을 요구한다면, 우리는 친절하거나 예의 바를 수 없을 것입니다. 예수님 역시 일방적이었습니다. 자신의 권리를 포기하고 우리를 사랑하신 그 사랑도 일방적이었습니다. 먼저 사랑하셨습니다.

우리를 힘들게 하는 것이 무엇인가요? 바로 상대방의 반응입니다. 무례하고 불의한 것에 대해 우리는 친절하거나 예의 바르기 어렵습니다. 그렇기 때문에 사랑이 먼저입니다. 상대방에게 동등한 권리를 요구하지 마십시오. 일방적으로 우리가 먼저 사랑하는 것입니다. 그럴 때 그 사랑의 역사가 우리 가운데 일어날 수 있습니다. 이것을 믿으십시오. 그래야 우리는 사랑할 수 있습니다.

저는 종종 역 근처 포장마차에 들러 떡볶이나 어묵을 사가지고 집에 들어가곤 합니다. 어느 추운 겨울밤이었습니다. 텅텅 비어 있는 주차장에 잠시 차를 세우고 잠깐 내려서 떡볶이를 사가지고 오기만 하면 되는데, 그곳을 지키고 있던 분이 천 원을 내라고 하는 것입니다. 아주 잠깐인데 무작정 천 원을 내라고 하니 속으로 부당하다는 생각이 들었습니다.

하지만 날도 추운데 그곳을 지키시는 모습을 보니 천 원을 드려야겠다는 생각이 들어서 그 분에게 돈을 드렸습니다. 그러자 그 분이 돈을 받으면서 "감사합니다"라고 하시는 게 아니겠어요? 그때 제 마음이 참 아팠습니다. 저는 속으로 그 일이 참 부당하다고 생각했는데 감사하다는 그 분을 바라보며 제가 더 감사하고 기쁜 마음이 들었습니다.

내 주장 내려놓기

사랑은 무례히 행하지 않는다고 했는데 그러면 성경에서 말하는 '무례하다'는 말은 무슨 뜻일까요?

저희 부부는 별로 싸우지 않습니다. 그런데 종종 아내가 이해되지 않을 때가 있기는 합니다. 여자는 평생을 같이 살아도 이해하기 어려운 존재인 것 같습니다.

한번은 넓고 넓은 교회 주차장에 주차를 하고 들어갈 때였습니다. 밤이라서 텅 비어 있는 곳 아무 데나 차를 대도 괜찮은데 아내는 꼭 지정석에 차를 대라고 합니다. 그래서 지정석에 차를 대려고 하는데, 이번에는 또 후진해서 주차하라고 잔소리입니다. 그런데 지금 정방으로 주차한 뒤 후진해서 나오거나, 지금 후진해서 주차한 뒤 정방으로 나오거나 같은 거 아닌가요? 저는 그런 아내가 이해가 안 되었습니다.

그런데 어느 날 문득 이런 생각이 들었습니다.

'지금 후진하나 나중에 후진하나 어쨌든 후진은 할 텐데, 나는 왜 아내가 하라는 대로 하지 않을까? 그러는 나도 이상하군.'

그런 생각이 들면서 앞으로는 아내가 하라는 대로 하자고 마음먹었습니다. 그러니까 마음이 편안해졌습니다. 친절하고 예의바르다는 것은 어떤 대단한 차원의 문제가 아닙니다. 그저 내가 생각하고 있는 주장들을 조금 내려놓을 때 우리는 무례하지 않을 수 있습니다.

크리스천의 노블리스 오블리제

성경에서 '무례하다'는 말은 "수치스럽다, 명예롭지 못하다"라는 의미인데, 다시 말하면 우리가 예의 바를 때 명예로워질 수 있다는 것입니다. 그렇다면 남편의 명예가 무엇일까요? 남편은 아내에게 자신이 하고 싶은 것을 강요하거나 자기 권리를 내세우지 않을 때 명예로운 남편이 됩니다. 명예로운 아내, 명예로운 엄마 아빠 역시 우리가 무례하지 않을 때 가능합니다.

무례하다는 것은 상대방의 기분을 상하지 않도록 하는 것입니다. 영어성경에서 '예의 바르다'는 단어로 사용되는 것이 'courteous'입니다. 법정이나 궁전에서 사용되는 단어입니다. 궁중에서 살면 예의를 많이 배울 수 있습니다. 지켜야 할 예의범절이 매우 많기 때문이지요.

이런 생각을 해보셨나요? 그렇다면 크리스천이 왜 예의가 발라야 하는 걸까요? 우리는 하나님의 사랑을 입은, 하나님의 자녀이기 때문입니다.

누구든지 그리스도와 합하기 위하여 세례를 받은 자는 그리스도
로 옷 입었느니라 갈 3:27

우리가 그리스도로 옷 입었기 때문에 우리는 그리스도인다워
지는 것입니다. 그래서 비행기나 택시를 타도, 주차장이나 식당
에서도 그리스도로 옷 입은 사람답게 예의 발라야 합니다. 그것
이 사랑입니다.

'노블리스 오블리제'(noblesse oblige)라는 말이 있습니다. 특별
한 사람들, 선택받은 사람들에게는 그만한 도덕적 의무가 있다는
말입니다. 유명인은 그 신분 때문에 누리는 특권이 있습니다. 혹
시 유명인을 아버지로 두었다면 그 자녀 또한 마찬가지입니다.
그가 대통령의 아들이든 시장의 아들이든 도지사의 아들이든 다
른 사람들보다 더 조심하고 더 예의 바르게 행동해야 합니다.

저도 목회자의 아들로 살아온 것이 부담스러웠습니다. 그런데
어느 날 하나님이 이 부분을 깨닫게 해주셨습니다. 그것이 부담
이 아니라 '은혜'라는 것을 말입니다. 제가 하나님의 자녀가 아니
었다면, 목회자의 아들이 아니었다면 어느 누구도 제게 그런 기
대를 걸지 않았을 것입니다.

그러나 저의 신분, 제가 하나님의 사람이기 때문에 누군가로
부터 요청받는 부담감이 '노블리스 오블리제'이며, 그것이 은혜이

자 감사라는 것입니다.

그런데 그 하나님의 사랑이 무거운 굴레처럼 느껴집니까? 하나님의 은혜가 무겁게 느껴집니까? 그렇다면 율법 아래 있는 것입니다.

성경은 이렇게 말합니다.

사랑하는 자들아 하나님이 이같이 우리를 사랑하셨은즉 우리도 서로 사랑하는 것이 마땅하도다 요일 4:11

하나님이 우리를 사랑하신 것처럼 우리도 마땅히 사랑하는 것, 그것을 우리에게 주어진 특권으로 여겨지고 그 사랑을 누리고자 할 때 그것은 우리에게 은혜입니다.

마땅한 권리 내려놓기

할 수 있거든 너희로서는 모든 사람과 더불어 화목하라 롬 12:18

하나님은 우리가 모두 다 할 수 있다고 말씀하지 않으셨습니다. '할 수 있거든' 모든 사람과 더불어서 화목하라고 하셨습니다.

너희는 이 세대를 본받지 말고 오직 마음을 새롭게 함으로 변화를
받아 하나님의 선하시고 기뻐하시고 온전하신 뜻이 무엇인지 분별
하도록 하라 롬 12:2

이것을 기억하십시오. 우리가 가는 방향이 지옥에서 천국으로
바뀌었습니다. 우리가 타는 차의 좌석이 일등석으로 업그레이드
되었습니다. 우리가 무례하지 않고 오래 참고 누군가를 배려하
는 사람의 신분으로, 특권을 누리는 사람으로, 하나님이 우리를
사랑하시고 택하셨다는 것입니다.

우리가 누릴 수 있는 마땅한 권리가 있습니다. 남편으로서의
권리, 아내로서의 권리, 자녀로서의 권리, 부모로서의 권리, 목사
로서의 권리, 교인으로서의 권리가 있습니다. 그러나 이 권리를
내려놓아야 합니다. 사랑이 먼저이기 때문입니다.

부부가 겪게 되는 사소한 갈등 중에 이런 일도 있습니다. 두
사람이 잠자리에 누웠는데 공교롭게 아직까지 불이 켜져 있는 것
이지요. 그럴 때 부부는 자신이 불을 끄지 않아도 되는 이유를
가지고 있습니다.

"당신이 나중에 들어왔으니까 당신이 꺼."

"당신이 스위치랑 가깝잖아. 불 꺼."

별일 아닌 것 같아도 자기 권리를 주장하며 싸웁니다. 그럴 때

누가 일어나서 불을 끄는지 압니까? 남자 여자 차이가 아니라 두 사람 중 좀 더 성숙한 사람, 좀 더 상대방을 배려하는 사람이 불을 끕니다.

우리가 이런 마음을 가지면 좋겠습니다. 내가 누군가에게 예의 바르다면 그만큼 성숙한 것입니다. 내가 누군가에게 무례하지 않다면 사랑을 아는 것입니다. 사랑이 먼저입니다.

내가 마땅히 누려야 할 권리를 주장하기보다 내가 사랑해야 할 사람을 위해 나의 권리를 포기하고 사랑의 권리를 취하는 사람, 사랑이 먼저인 사람이 되십시오. 친절하고 예의 바른 사람, 사랑을 아는 사람으로 살기를 바랍니다.

LOVE

"사랑은 오래 참고 사랑은 온유하며 시기하지 아니하며
사랑은 자랑하지 아니하며 교만하지 아니하며
무례히 행하지 아니하며 자기의 유익을 구하지 아니하며
성내지 아니하며 악한 것을 생각하지 아니하며 불의를 기뻐하지 아니하며
진리와 함께 기뻐하고 모든 것을 참으며 모든 것을 믿으며
모든 것을 바라며 모든 것을 견디느니라"

—

고전 13:4-7

05

자기만 생각하는 것은
사랑이 아니다

사랑은 참 어렵습니다. 왜냐하면 정상적이지 않기 때문입니다. 태생적으로 이기적인 인간이 사랑한다는 것은 비정상적인 일입니다. 그런데 이 비정상적인 일들이 정상처럼, 상식처럼 일어날 수 있는 것은 우리가 하나님의 사랑을 받았기 때문입니다.

사랑은 자신의 유익을 구하지 않는 것입니다. 그런데 태생적으로 이기적인 우리가 어떻게 자신의 유익을 구하지 않을 수 있을까요?

자기의 유익을 구하지 아니하며 성내지 아니하며 악한 것을 생각하지 아니하며 고전 13:5

죽음에 이르는 병

이 세상에서 가장 무서운 병이 무엇일까요? 역사상 각 시대를 휩쓸고 지나갔던 무서운 병들이 많았습니다. 그러나 만일 '이기심'을 병이라고 한다면 이것이 가장 무서운 병일 것입니다. 이기심만큼이나 사람을 많이 죽이는 병이 없을 테니까 말입니다.

정말 아이러니한 것은 어느 나라 어느 민족도 평화를 원하지 전쟁을 원하지 않는다고 하면서 전쟁을 한다는 것입니다. 평화를 위해 전쟁을 한다고 하고 평화를 지키기 위해 살상 무기를 만들어냅니다.

지금 인류를 가장 무섭게 위협하는 것이 무엇입니까? 바로 핵무기입니다. 미국과 러시아를 포함한 핵 보유국은 핵을 보유하지 않은 나라의 핵 무기 제조에 어떤 도움도 줄 수 없으며, 비핵 보유국은 어떤 식으로든 핵 무기를 보유할 수 없다는 핵확산금지조약도 있습니다.

그런데 이 또한 아이러니합니다. 어떤 나라가 핵을 가지고 있으면 평화를 지킬 수 있고 다른 나라가 핵을 가지면 평화가 깨진다는 이 논리의 근거는 대체 어디서 나온 것일까요?

〈명량〉 영화를 보면 조선 사람들이 일본 군인들을 무자비하게 죽이는 장면에서 우리는 통쾌하고 신나 합니다. 그런 우리가 참 신기하지 않습니까? 왜냐하면 조선을 침략한 일본을 물리쳐야 우리에게 평화가 오기 때문입니다. 반면 일본 사람들에게도 정당한 명분이 있습니다. 제가 일본의 지도자라면 저도 그랬을 것 같습니다. 지진과 화산의 위험 가운데 있는 섬나라에서 자국민들의 평화를 위해 다른 나라를 침략하는 것이 정당하지 않겠습니까? 문제는 우리의 정당성이 다른 사람들에게 정당하지 않다는 것입니다.

이기심은 자기중심적인 판단에서 나옵니다. 인간이 얼마나 이기적이고 자신의 정당성을 합리화하기 좋아하는지는 일상생활에서 언제 어디서나 볼 수 있습니다.

요즘은 어디를 가든지 셀카(셀프카메라)를 많이 찍습니다. 그런데 여러 명이 찍으면 꼭 사진이 잘 안 나왔다고 하는 사람들이 있습니다. 그들은 꼭 사진을 다시 찍자고 합니다. 그런데 그때 사진이 잘 나오고 안 나오고의 기준이 무엇입니까? 자기가 잘 나와야 사진이 잘 나온 것이지요.

우리가 생각할 때 좋은 날씨는 비가 안 와야 좋은 날씨입니다. 눈이 안 와야 좋은 날씨입니다. 그런데 스키 타러 갈 때는 함박눈이 소복이 쌓여야 좋은 날씨입니다. 교통의 마비가 오는 것은 하등 상관이 없습니다. 내가 지금 하는 일에 가장 도움이 되는 것이 최선입니다. 이렇듯 우리는 이기심을 벗어나기 힘듭니다.

세상의 중심은 내가 아니다

우리는 하나님의 나라가 이루어지기 원하고 하나님의 뜻대로 살기를 원한다고 기도합니다. 그렇지만 이 세상은 늘 '나' 중심으로 돌아갑니다. 그러니 나를 생각하지 않고 다른 사람을 사랑한다는 것이 얼마나 어려운 일이겠습니까?

어거스틴(Augustin)은 악을 비존재로 표현했습니다.

"악은 실제 존재하는 것이 아니라 선이 결핍되어 있는 상태이다."

선한 하나님이 이 세상에 악을 만들지 않으셨다는 말입니다. 그래서 선하지 못한 것이 악으로 나타난다는 것이지요. 우리는 자기중심적으로 살아가기 때문에 이기심을 경험합니다. 그러나 이기심은 하나님이 만들지 않으셨습니다. 우리가 자기중심적인 삶을 살다보니 불행하게도 이기심을 경험하고 살아가는 것뿐입니다. 그렇다면 우리가 사랑함으로 '나' 중심적이던 사고를 '하나님' 중심적으로 바꿀 수 있다면, 이기심을 이길 수 있지 않을까요?

만나교회 목회를 시작할 때 슬로건을 이렇게 정했습니다.

"교회가 이 땅의 소망입니다."

지금도 이 생각에 변함이 없습니다. 하늘 보좌를 버리고 이 땅에 오신 하나님을 경험하고 하나님을 예배하는 교회가 이 땅의 소망이 아니겠습니까? 단, 하나님의 사랑을 입은 우리가 그 사랑으로 누군가를 사랑할 수 있다면 말입니다.

항간에 '아이스 버킷 챌린지'(Ice Bucket Challenge)가 유행하고 있습니다. 아이스 버킷 챌린지는 루게릭 병에 대한 관심을 일으키고 기부를 활성화하기 위해 시작된 운동으로 소셜 미디어를 통해 퍼져나갔습니다. 루게릭 병은 근육이 수축되는 병인데, 얼음물을 뒤집어쓸 때 그 병의 아픔을 간접적으로 느낄 수 있다고 합니다. 누군가의 아픔을 경험해보는 것처럼 중요한 일은 없는 것 같습니다. 그래서 저도 이 운동에 동참했습니다.

사랑도 마찬가지입니다. 하나님이 이 땅에 오셔서 인간의 몸을 입지 않고는 우리에게 하나님의 사랑을 전할 방법이 없으셨던 것처럼, 우리가 이기심을 극복하고 다른 사람들의 삶, 다른 사람들의 세계 한가운데로 들어가보는 것이 곧 복음의 시작입니다.

변질된 이기심

이기심은 무섭습니다. 이기심은 자기 이익을 구하기 때문에 늘 편을 가르고 내 편이 아닌 누군가를 험담합니다. 그가 악의 축이 되어야 내 이기심이 정당해지기 때문입니다. 혹 누군가를 판단하는 생각이 든다면 내 속에서 이기심이 작동하고 있는 것은 아닌지 돌아보십시오.

영어성경(NIV)에 이기심을 'self-seeking'이라고 표현했습니다. 오직 나 자신을 추구하고 바라본다는 것입니다. 그런데 이기심에도 좋은 이기심, 나쁜 이기심이 있습니다. 우리는 이것을 구별해야 합니다.

때때로 우리는 사랑은 자신의 유익을 구하지 않는 것이니까 누군가를 먼저 생각해서 자신이 희생되는 것을 정당화할 때가 있습니다. 그런데 누군가를 위한다는 행동이 자기 속에 위장된 욕망일 때가 많습니다. 자기가 하고 싶은 일들을 하면서 누구를 위해 했다고 변명할 때가 종종 있는 것입니다. 이것은 '변질된 이기심', '변질된 욕망'입니다.

우리에게는 긍정적인 이기심도 필요합니다. 하나님을 사랑하기 때문에 지켜야 하는 이기심이 있습니다. 내가 하나님을 사랑하기 때문에 꼭 지켜야 하는 것이 있고 그것이 누군가에게는 이기적으로 보일 수 있습니다. 하지만 그것을 포기하면 우리는 모든 것을 다 잃게 됩니다.

하나님을 사랑하기 때문에 내려놓는 이기심이란 동시에 하나님의 사람으로서 우리가 반드시 지켜야 하는 것들이기도 합니다. 신앙생활을 오래 하다보면 착한 남자 착한 여자 콤플렉스가 생기기도 합니다. 저도 그렇습니다. 사람들에게 욕먹는 것을 좋아하는 사람은 없겠지요. 저도 견디기 힘들었습니다. 그런데 누군가에게 욕을 먹지 않기 위해 착하게 구는 제 모습을 보니 제가 착한 것이 아니라 너무 이기적이라는 것을 깨닫게 되었습니다.

희생을 감수하는 사랑인가?

　단지 욕을 먹지 않으려 한다면 그것은 옳은 것이 아닙니다. 우리가 진리를 따라 살 때, 하나님의 사랑을 실천하고자 할 때에는 다른 누군가를 불편하게 할 수 있습니다. 자기의 유익을 구하지 않고 누군가를 사랑하고 상대를 배려한다고 해도 그것으로 모든 사람의 마음이 편안해지는 것은 아닙니다. 사랑은 자신의 유익을 구하지 않습니다. 그러나 불의를 불편하게 할 수 있습니다. 잘 구별하십시오.
　일전에 한 교인과 이런 주제로 이야기한 적이 있습니다.
　"목회자에게 가장 큰 유혹이 무엇일까요?"
　저는 목회자에게 가장 큰 유혹은 교인을 교회에 충성되게, 목회자의 말을 잘 듣게 만드는 것이라고 생각합니다. 왜냐하면 교회는 오직 하나님의 말씀에 순종하는 사람들을 만들어가는 곳이기 때문에 그렇습니다. 그런데도 우리는 자신의 욕망을 이루어 가려는 유혹에 빠질 때가 참 많습니다.

얼마 전 우연히 국회의원 한 분과 이야기를 나누게 되었습니다. 그러다가 인권 문제에 대해 큰 관심을 가지고 이야기하는 분이 국회 안에 별로 없다는 이야기를 듣고 낙심이 되었습니다. 그런데 유일하게 북한 인권에 대해서는 참 많은 이야기를 한다고 합니다. 분단되었지만 한 민족이기 때문에 북한의 인권만큼은 좀 더 특별한 관심을 가지고 있기 때문일까요?

그렇지만 북한 인권에 대해 이야기를 하면 할 일이 아무것도 없는 것이 우리의 현실입니다. 그냥 말만 무성한 것입니다. 우리가 우리와 함께 살아 숨 쉬는 사람들의 인권을 이야기하려면 자기를 부인하고 희생하지 않으면 안 됩니다.

누구나 쉽게 사랑을 이야기할 수 있습니다. 그러나 지금 내가 함께 숨 쉬며 살아가는 사람들, 가까운 가족이나 직장 동료들을 먼저 생각하고 배려하는 것은 결코 쉬운 일이 아닙니다.

십자가에 못 박으라

어떻게 하면 우리가 이기심을 제거할 수 있을까요? 바로 '십자가'입니다. 십자가를 묵상하는 것이 길입니다.

맥스 루케이도는 《사랑》에서 이렇게 말했습니다.

성공회 목사인 내 친구 하나는 기도 끝에 성호를 긋는 이유를 이렇게 설명한다.

"손을 이마에 갖다 대고 가슴에 갖다 대면 대문자 'I'(나)가 되지. 그 후에 한쪽 어깨로 갔다가 반대편 어깨로 가게 되면 'I'(나)를 반 토막 내는 셈이 된다네."

십자가 사역이 바로 이것을 의미하지 않는가? '나'는 작아지고 그리스도가 커지는 것. 당신 자신에게 초점을 맞추지 말고 '그리스도 안에서' 당신이 가진 것들에 초점을 맞추라. '그리스도 안'에 있는 격려, 위로, 사랑, 성령의 교제하심, 천국의 자비와 동정심에 초점을 맞추라.

십자가를 묵상할 때 나를 반 토막 낼 수 있습니다. 십자가를 묵상하며 하나님을 생각할 때 내 안의 시기심, 자기중심적인 사고가 쫓겨나갑니다. 하나님 앞에 내가 가진 생각과 욕심을 십자가에 못 박아야 합니다. 그 십자가를 바라보며 자기를 부인하는 삶을 살아야 합니다. 그럴 때 하나님의 사랑을 느끼며, 나 자신도 사랑하며 살아갈 수 있습니다.

십자가는 우리에게 두 가지를 생각하게 합니다. 아무리 무거워도 우리가 그 십자가를 져야 한다는 것과 그 십자가 때문에 나 자신을 부인해야 한다는 것입니다. 이것이 우리 눈에 보이기 시작할 때, 우리는 자기 유익이 아닌 다른 누군가의 유익을 구하게 되고, 성내지 않게 되고, 악한 것을 생각하지 않게 됩니다. 예수 그리스도께서 내 안에 계시기 때문입니다.

우리가 힘들 때 묵상해야 할 것은 오로지 십자가뿐입니다. 십자가 앞에 서면 내가 보이지 않고 하나님의 사랑이 보입니다. 그 무거운 십자가를 내가 지고 가게 되고 나 자신도 부인하게 됩니다. 이기심 또한 마찬가지입니다. 그것이 우리 가운데 보이기 시작할 때 십자가가 우리에게 답을 줄 것입니다.

내가 아닌 누군가를 위해 기도하는 사람이 있습니다. 바로 예배를 위해 기도하는 중보기도 팀입니다. 그들은 매일 일찍 교회에 나와 기도합니다. 왜 그럴까요? 기도하는 그들을 통해 다른 누군가가 힘을 얻을 수 있기 때문입니다. 나를 위하지 않고 누군가를 위해 희생하는 그들을 통해 누군가가 사랑을 입기 때문입니다.

사랑은 나 자신에게만 집중하는 것이 아닙니다. 우리를 위해 십자가를 지신 하나님께 집중해야 합니다. 그럴 때 우리 안의 이기심들을 극복할 수 있습니다.

당신이 지쳐서 기도할 수 없고
눈물이 빗물처럼 흘러내릴 때
주님은 우리 연약함을 아시고
사랑으로 인도하시네.

누군가 널 위하여 누군가 기도하네
네가 홀로 외로워서 마음이 무너질 때
누군가 널 위해 기도하네.
_ 찬양 〈누군가 널 위해 기도하네〉 중에서

누군가가 우리를 위해 기도하고, 우리가 누군가를 위해 기도한다는 것이 얼마나 중요한 일입니까. 십자가 앞에 무릎 꿇고 우리가 내려놓아야 할 것, 부인해야 할 것, 전해야 할 것들이 무엇인지 기도하십시오. 십자가 가운데 하나님의 사랑을 고백하며 살기 바랍니다.

LOVE

"사랑은 오래 참고 사랑은 온유하며 시기하지 아니하며
사랑은 자랑하지 아니하며 교만하지 아니하며
무례히 행하지 아니하며 자기의 유익을 구하지 아니하며
성내지 아니하며 악한 것을 생각하지 아니하며 불의를 기뻐하지 아니하며
진리와 함께 기뻐하고 모든 것을 참으며 모든 것을 믿으며
모든 것을 바라며 모든 것을 견디느니라"

—

고전 13:4-7

06

진리를 기뻐하는
사랑을 꿈꾸는가?

대체 사랑이 무엇인가요?

고린도전서 13장 8절부터 10절은 다음과 같이 말합니다.

사랑은 절대로 사라지지 않습니다. 제아무리 영감 넘치는 말도 언젠가는 사라지고, 방언으로 기도하는 것도 그칠 것입니다. 이 해력도 한계에 이르게 될 것입니다. 진리의 한 부분만 아는 우리가 하나님에 대해 말하는 것은 언제나 불완전합니다. 그러나 완전 하신 그분이 오시면, 우리의 불완전한 것들을 없애주실 것입니다.

고전 13:8-10 메시지 성경

사랑은 절대로 사라지지 않습니다. 이것은 우리가 절대로 포기할 수 없는 믿음이기도 합니다. 우리가 계속 사랑하다보면 완전한 사랑을 알게 되는 날이 온다는 것입니다. 이것은 제가 깨달은 고백이기도 합니다.

사도 바울에게도 그런 믿음과 확신이 있었습니다.

지금은 내가 부분적으로 아나 그때에는 주께서 나를 아신 것같이 내가 온전히 알리라 고전 13:12

왜곡된 사랑

점점 더 이 찬양이 마음이 와 닿습니다.

다 표현 못해도 나 표현하리라
다 고백 못해도 나 고백하리라
다 알 수 없어도 나 알아가리라
다 닮지 못해도 나 닮아가리라

_ 찬양 〈그 사랑 얼마나〉 중에서

이 찬양의 가사처럼 다 표현 못해도, 다 고백 못해도, 다 알 수 없어도, 다 닮지 못해도 우리가 그렇게 하는 이유가 무엇입니까? 그 사랑이 지금 우리에게는 불완전할지 모르지만, 언젠가 진리와 함께 그 사랑이 증명될 날이 있기 때문입니다.

사랑은 진리와 함께 기뻐하는 것입니다. 사랑에는 불의가 나타나지 않습니다. 그런데 우리는 사랑하면서 실패하고 힘들어합니다. 왜냐하면 진리가 나타나지 않고 불의가 드러나기 때문입니다. 정말 주님의 사랑으로 사랑한다면, 우리 안에서 진리와 함께 기뻐하는 일이 일어나야 합니다. 온유하고 겸손하고 친절하고 오래 참는 사랑이 드러나야 합니다.

그런데 우리가 말하는 사랑이 왜곡될 때가 있습니다. 흔히 친구를 사랑한다고 하면서 친구에게 이런 부탁을 하기도 하지요.

"너 정말 내 친구지? 나 사랑하지? 그러면 우리 집사람에게 그날 내가 너랑 같이 있었다고 말해줘."

하지만 이것은 사랑이 아닙니다. 진리와 함께 기뻐할 수 없다면 사랑이 아닙니다. 아무리 친구를 사랑해도 친구의 가정에 문제가 발생하고 불의가 일어나게 만든다면, 그것은 이미 사랑이 아닙니다.

사탄은 사랑이라는 가면을 쓰고 우리에게 나타나 사랑을 왜곡시킵니다. 사랑이라는 이름으로 책임지지 않는 것, 진리가 드러나지 않는 것들을 이야기합니다. 그러나 이것은 분명히 왜곡된 사랑입니다. 사랑은 그렇게 우유부단하지 않습니다. 사랑은 단호합니다. 왜냐하면 사랑은 진리와 함께 가기 때문입니다.

사랑과 진리

그의 형제를 사랑하는 자는 빛 가운데 거하여 자기 속에 거리낌이 없으나 요일 2:10

그렇습니다. 우리가 빛 가운데 거리낌이 없는 것, 그것이 사랑입니다. 내가 사랑하는 사람, 내가 사랑하는 일, 내가 사랑하는 이유와 행동을 빛 가운데 드러낼 수 없다면 그것은 사랑이 아닙니다.
그렇다면 진리가 무엇입니까?

즐거워하는 자들과 함께 즐거워하고 우는 자들과 함께 울라 롬 12:15

진리는 즐거워할 때 즐거워할 수 있고, 울 때 울 수 있고, 옳은 것을 기뻐하고, 불의한 것을 기뻐하지 않는 것입니다. 우리는 '사랑하기 때문에'라는 이유를 들면서 많은 이야기를 합니다. 하지만 정작 사랑하는 사람이 기뻐하는 것을 함께 기뻐하지 못하고, 그 사람이 슬퍼할 때 같이 슬퍼하지 못한다면 그것은 잘못된 사랑입니다.

선거를 마치고 난 뒤 당선자를 축하하는 악수를 나누고 꽃다발을 전달하는 것을 보면서 우리는 그것이 얼마나 어색한 장면인지 잘 알고 있습니다. 그러면 당선자가 기뻐할 때 함께 기뻐해 주지 못하는 이유가 무엇입니까? 그 사람은 나의 경쟁자이지 사랑의 대상이 아니기 때문이지요.

목회자들에게 가장 힘든 것이 주변의 교회를 축복하는 것이라고 합니다. 분당에는 여러 유명한 교회가 있습니다. 그래서 분당은 소위 교인들의 천국이고 목회자들의 지옥이라는 우스갯소리도 합니다. 분당 지역의 교인들은 정말 나이스해서 교회에 와서 좀처럼 안 싸웁니다. 굳이 자기 주장을 하지 않습니다. 그냥 조용히 다른 교회로 옮깁니다. 그럴 때 목회자의 마음이 참 어려워지는 것이지요.

저부터도 우리 교회 근처에 있는 교회를 진심으로 축복할 수 있는지 돌아볼 때, 이것은 사랑과 진리의 문제가 해결되지 않으면 정말 어려운 부분이라는 생각이 듭니다.

진리와 함께 기뻐하라

이 땅에 교회가 세워진 이유는 우리가 하나님을 사랑하고 이 땅에 하나님나라가 이루어지도록 하기 위해서입니다. 이것이 진리입니다. 따라서 우리는 이 땅에 믿음의 동역자들이 더 많이 생기고 하나님의 사람들이 더 많아지는 것을 축복해야 합니다. 이 땅의 교회가 더 이상 하나님의 나라를 꿈꾸지 않는다면 이미 진리를 왜곡한 것입니다.

만나교회가 잠실에서 송파로 이전할 때, 건축이 중단된 채 골조만 남아 있던 교회를 사서 건축했습니다. 그런데 옆에 있던 규모가 작은 교회에서 거세게 항의를 해왔습니다. 만나교회가 생기면서 자기 교회가 입을 피해와 손실을 우려한 것입니다. 하나님을 믿는다고 하는 우리 가운데 진리가 없는 모습입니다. 우리가 하나님의 자녀이고 하나님의 나라를 꿈꾼다면, 우리에게 진리는 좀 더 다른 차원의 문제가 되어야 한다고 생각합니다.

저는 우리 교회의 MMP(Manna Mission Plan)를 자랑스럽게 생각합니다. 즉 작은 교회를 돕는 사역입니다. 저는 평소 MMP에 선정된 교회 목사님께 이런 말씀을 드립니다.

"우리 교인이 MMP 교회에 가서 도울 때 잘 섬기는 분들이 있으면 앞으로 그 교회를 섬길 수 있도록 꼬시세요."

그런데 어느 날 진짜 그런 일이 일어났습니다. 한 교인이 저를 찾아왔습니다.

　"목사님, 제가 그 교회로 가서 돕고 섬기겠습니다."

　제가 평소 말은 그렇게 했으면서 막상 그런 상황이 닥치니까 기쁘지가 않았습니다. 정말 좋은 교회 일꾼이었기 때문입니다. 제가 진정으로 진리와 함께 기뻐하지 못했던 것입니다.

　혹시 직장에서 누군가 나보다 더 빨리 승진하는 것을 볼 때 힘 듭니까? 그 사람이 불의하기 때문에 그 자리에 올라가서는 안 된 다는 생각 때문에 불편합니까? 그게 아닐 것입니다. 내가 그 자 리에 오르지 못해서, 내가 그 자리를 누리지 못해서 슬퍼한다면 우리는 진리를 기뻐하는 사람이 아닙니다.

인격적인 사랑

　"당신을 사랑하기 때문에 놓아줄 수 없어요."

　"사랑하기 때문에 당신을 떠납니다."

　"사랑하니까 당신을 꼭 붙잡아야겠어요."

　드라마를 보면 사랑을 매우 진지하게 생각하는 것 같은데, 사 실은 사랑을 왜곡하는 표현이 얼마나 많이 나오는지 모릅니다.

사랑은 인격적입니다. 하나님은 우리를 인격적으로 사랑하셨습니다. 사랑은 내가 원하는 것을 이기적으로 쟁취하는 것이 아닙니다. 그 사람과 함께 기뻐하고 함께 슬퍼하는 것, 진리와 함께할 수 있는 것, 인격이 드러나는 것입니다.

오소서 진리의 성령님
이 땅 흔들며 임하소서
거짓과 탐욕 죄악에 무너진
우리 가슴 정케 하소서
_ 찬양 〈오소서 진리의 성령님〉 중에서

성령님이 이 땅에 오실 때, 이 땅이 진동합니다. 왜냐하면 비(非)진리가 드러나기 때문입니다. 성령님이 우리 가운데 오셔서 우리와 함께하실 때 우리는 분명히 알 수 있습니다. 사랑은 진리와 함께 기뻐하고, 불의와는 함께하지 않는다는 사실을 말입니다.

함께 기뻐하고 함께 슬퍼할 수 있는 인격적인 사랑을 진정으로 원하십니까? 그렇다면 하나님 앞에 기도하십시오. 그리고 이때 두 가지를 점검해보아야 합니다.

첫째, 우리가 올바른 곳에 있는지 우리의 삶을 점검해야 합니다. 다윗은 사울에게 쫓겨 다니며 힘든 광야 시절을 보냈습니다.

그러던 어느 날 마침내 사울 왕을 죽일 기회가 찾아왔지만 다윗은 기뻐하지 않았습니다. 왜냐하면 그것은 하나님이 기뻐하시는 일이 아니라는 것을 알았기 때문입니다.

다윗은 사울 왕을 죽이는 것으로 기뻐하지 않았습니다. 불의함 가운데서 불의하지 않고 도리어 주님을 찬양했습니다. 그것이 그에게 기쁨이었습니다. 지금 자신이 있는 곳이 올바른 곳인지 점검하십시오. 설령 불의한 일이 일어나는 곳에 있을지라도 하나님을 사랑하기 때문에 하나님을 찬양하며 진리와 함께하는 편을 선택하기 바랍니다.

둘째, 그 사랑이 잘못되었다고 생각하면 기도해야 합니다.

결혼을 잘못했다고 해서 이혼이 해결은 아닙니다. 자식이 잘못했거나 부모가 잘못했다고 해서 서로 안 보고 사는 것도 해결책이 아닙니다. 하나님은 이 문제로 힘들어하는 우리에게 기도할 것을 말씀하십니다.

진리로 인도하시는 성령님

우리에게 주신 성령으로 말미암아 하나님의 사랑이 우리 마음에 부은바 됨이니 롬 5:5

성령님은 우리 마음에 하나님의 사랑을 부어주십니다. 하나님은 기도하는 우리 마음의 상처를 사명으로 바꿔주시는 분입니다.

　작년 12월, 교인 부부들과 함께 1박 2일 가족 수련회를 다녀왔습니다. 그때 제가 참 안타까운 고백을 듣게 되었습니다.

　"저희 부부는 이혼을 하고 각자의 아이를 데리고 함께 사는 재혼 부부입니다. 그런데 너무 힘이 듭니다. 우리 주변에 이런 상황에 처해 있는 분들이 참 많습니다."

　그러면 이렇게 힘든 이들을 누가 돌봐주어야 합니까? 저는 같은 아픔을 지닌 두 분이 사명자가 되어야 한다고 말씀드렸습니다. 우리가 왜 기도해야 합니까? 우리의 아픔과 깨어진 사랑은 깨어진 그대로 끝나서는 안 됩니다. 우리가 기도할 때 우리의 마음에 하나님의 사랑을 부어주시는 성령님이 우리를 격려하실 것이고 우리와 함께하실 것입니다. 우리가 기도할 때 그 성령님이 우리를 진리로 인도하실 것을 믿어야 합니다.

　하나님은 우리의 깨어진 사랑을 통해 하나님의 사명을 감당하도록 이끄십니다. 지금 우리 눈에 분명하지 않을지 모릅니다. 부족할지도 모릅니다. 다 표현 못하고, 다 말할 수 없을지도 모릅니다. 주님을 다 닮아갈 수 없을지 모릅니다. 그러나 우리는 진리가 승리하는 것을 보게 될 것이고, 사랑이 승리하는 것을 보게 될 것이고, 우리 안에 계신 성령님이 우리를 붙들어주시는 것을 보게 될 것입니다. 그것을 믿어야 합니다.

하나님께 간절히 기도하십시오. 혹시 불의한 것을 사랑으로 잘못 알고 있지 않은지, 불의한 것을 기뻐하고 있지 않은지, 사탄에게 속아 왜곡된 사랑을 하고 있는 것은 아닌지 물으십시오. 만약 잘못된 곳에 있다면 성령님의 역사와 능력을 기대하며 바로 잡아주시도록 구하며 나아가기 바랍니다.

LOVE

"사랑은 오래 참고 사랑은 온유하며 시기하지 아니하며
사랑은 자랑하지 아니하며 교만하지 아니하며 무례히 행하지 아니하며
자기의 유익을 구하지 아니하며 성내지 아니하며
악한 것을 생각하지 아니하며 불의를 기뻐하지 아니하며
진리와 함께 기뻐하고 모든 것을 참으며
모든 것을 믿으며 모든 것을 바라며 모든 것을 견디느니라
사랑은 언제까지나 떨어지지 아니하되 예언도 폐하고
방언도 그치고 지식도 폐하리라 우리는 부분적으로 알고
부분적으로 예언하니 온전한 것이 올 때에는 부분적으로 하던 것이 폐하리라
내가 어렸을 때에는 말하는 것이 어린아이와 같고
깨닫는 것이 어린아이와 같고 생각하는 것이 어린아이와 같다가
장성한 사람이 되어서는 어린아이의 일을 버렸노라
우리가 지금은 거울로 보는 것같이 희미하나
그때에는 얼굴과 얼굴을 대하여 볼 것이요
지금은 내가 부분적으로 아나 그때에는 주께서 나를 아신 것같이
내가 온전히 알리라 그런즉 믿음, 소망, 사랑, 이 세 가지는
항상 있을 것인데 그중의 제일은 사랑이라"

—

고전 13:4-13

07

모든 것을
내어주는 것이 사랑이다

사도 바울이 고린도에 있는 교인들에게 편지를 쓸 당시, 고린도는 총체적 난국에 빠져 있었습니다.

내가 이것을 말하거니와 너희가 각각 이르되 나는 바울에게, 나는 아볼로에게, 나는 게바에게, 나는 그리스도에게 속한 자라 한다는 것이니 고전 1:12

고린도에 있는 교인들이 서로 나뉘어졌던 것입니다. 이뿐만이 아닙니다. 심지어 교회 안에 아버지의 아내를 취하는 음행까지 있었습니다(고전 5:1). 그러면서 바울은 우상의 제물을 먹는 것,

예배, 성찬식 등의 문제를 하나하나 풀어갑니다. 그리고 다음과 같은 결론을 내립니다.

> 모든 것을 참으며 모든 것을 믿으며 모든 것을 바라며 모든 것을 견디느니라 고전 13:7

그렇습니다. 사랑은 모든 것을 참고, 모든 것을 믿고, 모든 것을 바라고, 모든 것을 견딥니다. 사랑이 문제의 해결입니다. 사랑은 모든 것입니다.

사도 바울은 고린도전서 12장에서 지체의 비유를 이야기합니다. 우리 몸이 손과 발과 눈과 귀 등 여러 지체가 한 몸을 이루고 있는 것을 말하면서, 이것이 우리가 서로 사랑해야 하는 이유라고 합니다. 왜 서로 사랑해야 합니까? 그 이유는 단 한 가지입니다. 우리가 그리스도 안에서 형제자매이기 때문입니다. 즉, 우리가 그리스도의 몸을 이루는 지체요 그 지체가 건강해야 몸이 건강하고 우리가 한 몸이기 때문에 함께 가야 합니다.

서로 싸우고, 분열하고, 미워하는 고린도 교인들의 모습을 바라보는 사도 바울의 마음이 그랬던 것이 아닐까요?

"너희가 한 형제가 아니냐? 한 자매가 아니냐?"

"너희가 서로 사랑해야 하는 것이 아니냐?"

나의 수치를 가려주시는 하나님

고린도전서 13장 7절에서 사랑은 "모든 것을 참으며 모든 것을 믿으며 모든 것을 바라며 모든 것을 견딘다"고 했습니다. 이 때 '참다'라는 단어는 영어성경에 'protects'로 나와 있습니다. "보호하다, 덮어주다"라는 의미입니다.

최초의 인간인 아담과 하와가 하나님의 말씀에 불순종하여 그들이 벗었음을 알고 하나님의 낯을 피해 숨었을 때 하나님은 그들을 위해 가죽 옷을 지어 입혀주셨습니다. 하나님께서 그들의 수치를 가려주신 것입니다.

요즘 우리는 사랑에 대해 많이 이야기하지만, 정작 사랑을 경험하지 못하고 살아가는 것 같습니다. 사랑하기는커녕 서로의 허물을 드러내느라 혈안이 되어 있는 것을 볼 때가 많습니다. 누군가 조금만 잘못하면 그 잘못을 드러내기 바쁘고, 심지어 그것을 즐기기까지 합니다.

이런 우리에게 하나님은 다음과 같이 말씀하십니다.

"내가 가죽 옷을 지어 너희들의 수치를 덮어주었다."

마치 어머니가 자녀의 옷을 입혀주고 매무새를 만져주듯이, 하나님은 우리의 수치를 가려주셨습니다. 이유는 단 한 가지, 하나님이 우리를 사랑하시기 때문입니다.

우리가 얼마나 많은 선악과를 따 먹고 있습니까? 하나님이 하지 말라고 하시는 일을 얼마나 많이 하고 있습니까? 얼마나 많은 죄를 짓고 있습니까? 그래서 우리는 하나님 앞에 서기가 너무 부끄러운 것입니다. 우리 자신의 모습이 드러나는 것이 수치스러운 것입니다. 그러나 하나님은 "내가 너의 수치를 덮었다. 내가 너의 부끄러움을 덮었다"라고 말씀하십니다.

우리 때문에

요즘 유행하는 말이 있다고 합니다.
"CCTV는 당신이 한 일을 모두 알고 있다."
우리는 곳곳에 설치된 CCTV가 우리를 얼마나 어떻게 찍고 있는지 알지 못합니다. 우리는 우리 자신이 얼마나 부끄러운 행동을 많이 했는지 모릅니다. 그런데 그 모든 것이 다 드러난다고 생각해보십시오. 우리의 속내, 우리의 행동 하나까지 모두 다 드러난다면 얼마나 부끄러운 일이겠습니까?
하나님은 그런 우리의 수치를 다 덮어주셨습니다. 우리의 모든 죄와 부끄러움까지 전부 말입니다. 왜 그리하셨습니까? 하나님이 우리를 사랑하시기 때문입니다. 사랑은 우리의 수치를 덮어주지만 원수는 우리의 수치를 늘 드러내려고 합니다.

누군가가 나를 진정으로 사랑하는지 아닌지를 구별하는 방법은 아주 간단합니다. 내 수치를 가려주는 사람은 나를 사랑하는 사람이요, 아무리 나를 위로하는 것 같고 위하는 것 같아도 내 수치를 드러낸다면 그 사람은 나를 사랑하는 사람이 아닙니다. 다른 사람들이 모두 손가락질한다 해도 나를 사랑하는 사람만큼은 나의 부끄러움을 가려줄 것입니다.

〈우리 때문에〉(We are the reason)라는 찬양이 떠올랐습니다.

그가 그의 생명을 버린 이유는
우리 때문이에요.
그가 고통받고 죽임을 당한 이유는
우리 때문이에요.
사랑 때문에
사랑 때문에

우리를 사랑하셨기 때문에 우리의 모든 수치와 부끄러움을 덮어주신 하나님의 사랑을 생각하며 지금 수치 때문에 우리 앞에 머리를 떨군 자가 있다면 그의 잘못을 지적하기보다 그의 수치를 가려줄 수 없을까요? 우리의 수치를 드러내기 위해 맹수처럼 달려드는 이 세상에서 아프고 힘들어하는 우리의 형제자매들을 위해 우리가 그 수치와 부끄러움을 덮어줄 수는 없을까요?

허다한 죄를 덮는 사랑

그러나 수치를 덮어준다는 것이 무작정 그 죄를 모른 척해준다는 말은 아닙니다. 사랑은 아무리 무거운 죄, 더러운 죄라도 모두 감싸 안을 수 있다는 말씀입니다.

사랑은 허다한 죄를 덮느니라 벧전 4:8

사랑이 모든 허물을 덮는다는 것은 믿어주는 것입니다. 믿을 만해서 믿어주는 것이 아니라 사랑하기 때문에 믿어주는 것입니다. 그 믿음 때문에 실망하고 상처를 받을 수도 있습니다. 하지만 계산하거나 예측하지 않고 내가 사랑하기 때문에 끝까지 믿어주는 것입니다. 나의 수치를 덮어주셨던 그 주님 때문에 우리도 덮어주는 것입니다.

제가 군목으로 있을 때 심각하게 고민한 일이 하나 있었습니다. 제가 있던 부대는 조금 특별한 곳이었고, 저는 특별한 군 교회를 담임하고 있었습니다. 영외에서 함께 신앙생활을 하며 찬양단까지 만들어서 활동할 수 있던 그런 곳이었지요. 그래서 저는 늘 불안했습니다. 아무래도 부대 밖에서 병사들을 10여 명 가까이 데리고 있다는 것이 부담스러웠습니다. 때때로 밤에 불시에 병사들을 점검하러 가기도 했습니다.

그러던 어느 날 밤, 11시가 넘어서 찾아갔는데 아무도 없는 것입니다. 잠자고 있던 군종병을 깨워서 물었습니다.

"다들 어디 있어?"

"목욕 갔어요."

"이 밤에 무슨 목욕을 갔다는 거야? 도대체 어디 간 거야?"

제가 계속 묻자 어물어물하더니 곧이어 저를 안내해서 어디론가 갔습니다. 그곳은 술집이었습니다. 찬양하라고 불러 모은 사람들이 술을 마시고 있었습니다.

'이 친구들을 믿었는데, 어떻게 이럴 수 있지? 어떻게 하지?'

그들을 데리고 돌아오면서 제 안에 배신감이 가득했습니다. 다음 날 아침이 되어서도 저는 그들에게 아무 말도 할 수 없었습니다. 단지 교회 앞마당을 파라고 명령했습니다. 이제 그들은 제가 어떻게 하느냐에 따라 영창에 갈 수도 있고 자대로 돌아갈 수도 있는 상황이었습니다. 아마 두려움에 떨었겠지요. 며칠 동안 삽질만 하라고 하자 한 형제가 저를 찾아왔습니다.

"목사님, 말씀을 하세요. 벌을 주시든지 어떻게든 하세요."

그런데 며칠이 지나도 제 안에 배심감이 사라지지 않았습니다. 하지만 그들 중에는 가정 형편이 어려운 사람도 많았고 전방에 배치된 자신을 루저(loser)라고 여기는 사람도 있었습니다.

'하나님, 저마저 이들을 여기서 포기하면 안 되겠죠?'

그래서 저는 결심했습니다.

'그래, 덮어주자. 다시 기회를 주자.'

덮어주는 것이 쉬운 일은 아니었지만, 그렇게 했습니다. 지금에 와서 생각해보면 제가 그들을 사랑했던 것 같습니다. 그래서 쉽게 포기할 수 없었던 것입니다. 누군가 나의 수치를 가려주는 것은 나를 믿고 사랑하지 않으면 할 수 없는 일입니다. 사랑으로 모든 것을 덮어주십시오. 믿어주십시오. 계산하지 마십시오. 사랑하기 때문에 그렇게 하십시오.

죽음으로써 모든 것을 감당하는 사랑

저는 매년 12월이면 아프리카에 가서 대학생들을 위한 집회를 인도합니다. 천 명 가까운 아프리카 대학생들이 모이는데, 이제는 그들이 직접 집회를 준비합니다. 그 모습을 바라보고 있으면 정말 놀라울 따름입니다.

"어떻게 저 아이들이 저렇게 잘할 수 있을까."

그 팀을 이끄는 선교사님이 저에게 이런 이야기를 했습니다.

"목사님, 이 아프리카 영혼들을 사랑하지 않으면 절대로 기다릴 수 없습니다. 한국 스태프들이 하면 너무 쉽게 빨리 준비합니다. 그러나 우리는 이 아프리카의 청년들이 일어설 때까지 기다립니다. 그들의 영혼을 바라보며 참고 인내합니다."

이 말이 아직도 제 가슴속에 많이 남습니다. 사랑하기 때문에 모든 것을 참고, 모든 것을 믿고, 모든 것을 덮어주는 것입니다. 하나님은 우리를 사랑하시기 때문에 십자가를 끝까지 버리지 않으셨습니다. 우리를 믿는 사랑으로 십자가에서 내려오지 않으셨습니다. 우리의 가슴속에도 모든 것을 참으며, 모든 것을 믿으며, 모든 것을 바라며, 모든 것을 견딜 수 있는 사랑의 이유가 있기를 바랍니다. 우리 삶에 사랑의 역사가 일어날 수 있기를 바랍니다.

사랑하기 때문에 우리가 할 수 있는 실제적인 일이 무엇이 있을까 생각해보았습니다. 아주 작은 것부터 'Love Action 321'을 실천해보면 어떨까요? 'Love Action 321'이란, 3은 우리가 하루에 세 번 사랑한다는 말을 하는 것입니다. 2는 우리가 두 번 허깅(hugging)을 하는 것입니다. 1은 하루에 한 번 반드시 누군가를 위해 기도하는 것입니다.

저는 지난 세월호 사건을 보면서 많은 고민을 했습니다.

'내가 만일 그 배의 선장이라면, 우리 목회자와 교회 직원들이 선원이라면 어떻게 했을까?'

그때 '나는 교인들을 위해 죽어야지! 왜냐하면 교인들을 사랑하니까' 하는 마음이 들었습니다. 그리고 우리 교회 가운데 우리의 삶 가운데 이런 일이 있으면 어떻게 할까, 저와 목회자와 직원 모두 교인들을 사랑하겠다고 고백하고 다짐했는데 그 헌신과 결단을 다짐서로 만들어서 표현해보았습니다.

다음은 그 다짐서의 전문입니다.

만나교회 교역자와 직원의 다짐

"우리가 사랑함은 그가 먼저 우리를 사랑하셨음이라"(요일 4:19).

2001년 9월 미국 뉴욕의 한복판에서 911 테러 사건이 벌어졌습니다. 당시 희생자들의 넋을 기리는 추모비에는 무수한 간부급 소방관들의 이름이 새겨져 있습니다. 말단 소방관들보다 간부들의 이름이 많았던 이유는 바로 뉴욕 소방관의 다음과 같은 지침 때문이었습니다.

"First In, Last Out."

팀의 리더가 가장 먼저 화재 현장에 들어가고 임무를 마치면 부하들을 모두 보낸 후 자신은 가장 마지막에 나오라는 의미입니다.

끝까지 책임을 지고 자신의 사명을 감당하는 것, 그것은 자신에게 맡겨진 사람들에 대한 '사랑' 때문일 것입니다.

누군가 먼저 들어가고 끝까지 남아야 하는 일들이 자주 벌어지고 있는 이때에 그러한 사랑이 절실합니다. 성경은 "하나님께서 먼저 우리를 사랑하셨다"고 기록하고 있습니다. 먼저 하신 그 사랑을 따라 나도 먼저 사랑하겠습니다. 하나님께서 나를 먼저 사랑하신 것처럼 나도 성도님들을 먼저 사랑하겠습니다.

이러한 사랑의 실천으로 아래와 같이 서약합니다.

나 (김병삼)은 만일 이곳에서 화재나 지진과 같은 천재지변이 일어나거나 사고로 인해 긴급히 대피해야 하는 상황에서 먼저 성도님들이 안전하게 대피할 수 있도록 목숨을 다하여 나의 자리를 지킬 것을 엄숙히 서약합니다.

저는 이렇게 살고 싶습니다. 우리를 먼저 사랑하시고 끝까지 사랑하신 그 하나님의 사랑으로 살아갑시다. 그러면 이 땅 위에 하나님의 나라가 임하고 하나님의 역사가 일어나게 될 것입니다.

하나님의 그 사랑을 부어달라고 기도하십시오.

"그 사랑 때문에 나도 죽겠습니다. 그 사랑 때문에 내가 생명을 내놓겠습니다. 그 사랑 때문에 이 자리를 지키겠습니다."

2부

맞아, 사랑이 이긴다

LOVE

"너희 안에 이 마음을 품으라 곧 그리스도 예수의 마음이니
그는 근본 하나님의 본체시나
하나님과 동등됨을 취할 것으로 여기지 아니하시고
오히려 자기를 비워 종의 형체를 가지사 사람들과 같이 되셨고
사람의 모양으로 나타나사 자기를 낮추시고 죽기까지 복종하셨으니
곧 십자가에 죽으심이라"

—

빌 2:5-8

08

권리 포기의
사랑이 이긴다

사랑에는 기쁨이 있습니다. '사랑'이라는 말을 들으면 일단 기쁩니다. 사랑은 사람을 행복하게 만듭니다. 반면, 모든 사람들이 추구하는 '권력'에는 말 그대로 힘(power)이 있습니다. 그래서 사람은 권력을 갖기 원합니다. 그러나 권력이 사람에게 행복과 기쁨을 가져다주지는 않습니다.

제가 인도네시아에 갔을 때 그 나라 말을 몇 가지 배웠는데, 그중에 가장 인상적인 말이 "감사합니다"라는 뜻의 '뜨레마까시'였습니다.

뜨레마까시, 이 말의 정확한 의미는 "사랑을 받았습니다"입니다. 인도네시아 사람들은 감사하다고 말할 때 "사랑을 받았습니다"라고 한다는 것입니다. 멋진 말입니다. 그렇습니다. 사랑을 받는 것이 참 감사한 일이라는 사실을 새삼 느낄 수 있었습니다.

사랑을 받는다는 것은 나의 삶에 혁명과 같은 일이며 누군가의 삶에도 혁명을 일으킵니다. 사랑은 우리 인생을 바꿀 뿐 아니라 우리 인생에 혁명을 일으킬 수 있다는 사실을 믿으시기 바랍니다.

권력이란 무엇인가?

이렇게 묻고 싶습니다.

"당신은 사랑을 얻고 싶습니까? 권력을 얻고 싶습니까?"

아마 둘 다 얻고 싶다는 것이 솔직한 답이 아닐까 생각합니다.

하나님께서 우리에게 주신 모든 것이 선합니다. 성경은 권력 역시 부정적으로 이야기하지 않습니다. 성경은 위에 있는 권세들에게 복종하라고 말합니다.

각 사람은 위에 있는 권세들에게 복종하라 권세는 하나님으로부터 나지 않음이 없나니 모든 권세는 다 하나님께서 정하신 바라 롬 13:1

세상의 권력도 하나님께서 우리에게 필요하기 때문에 주셨을 것입니다. 권력 자체가 잘못된 것은 아닙니다. 우리가 권력을 잘못 사용하는 것이 문제입니다.

우리는 권력이라는 말에 조금은 부정적인 이미지를 가지고 있습니다. 그 이유는 권력을 가진 사람들이 그 권력을 가지고 사람들을 사랑하기보다 권력을 누리려고 하기 때문입니다. 혹시 당신은 국회의원들을 보면 기분이 좋아집니까, 나빠집니까? 아마 좋아진다고 답하는 분이 그리 많지 않을 것 같습니다. 하지만 사실 국회의원 자체는 결코 나쁜 것이 아닙니다. 국민에 의해 선출되었고 국민으로부터 위임받은 권력을 가지고 국민을 대신하여 국민에게 필요한 일을 할 수 있는 사람들이기 때문입니다.

그런데도 사람들이 국회의원이나 정치적인 권력을 가진 사람들을 부정적으로 생각하는 이유는 그들이 힘을 가지고 국민을 섬기려 하지 않고 국민 위에 군림하여 그 힘을 누리려 하기 때문입니다. 권력 자체가 나쁜 것이 아니라 그것을 누리려고 하는 것이 부정적인 이미지를 만드는 것입니다.

그렇다면 권력과 법의 기능이 무엇일까요? 권력과 법은 왜 생겨났을까요? 사실 약한 사람을 보호하기 위해서는 힘이 필요합니다. 그 힘으로 다른 누군가를 통제하지 않으면 연약한 사람들이 많은 고통을 받기 때문이지요. 그렇게 억울한 사람이 없게 하기 위해서 법을 만들었을 텐데, 언제부터인가 그 권력과 법이 잘못 사용되기 시작한 것이지요. 그 권력이 약한 사람을 보호하는 것이 아닌, 권력을 쥔 사람이 힘을 쓸 수 있는 수단이 되어버렸습니다.

그러나 예수님이 이 땅에 오셔서 우리에게 보여주신 것은 다릅니다. 우리 주님은 권력으로는 절대 이 땅을 변화시킬 수 없으며 사랑으로 이기며 사랑만이 변화시킬 수 있다는 것을 몸소 보여주셨습니다.

착한 권력?

한번은 제가 어떤 기업인과 오랜 시간 대화를 나누게 되었습니다. 그는 아주 건실한 중소기업을 이뤄낸 분입니다. 그런데 그가 그 기업을 일구기까지 가장 힘들었던 것은 다름 아닌 대기업과의 싸움이었다고 했습니다. 그의 회사가 가진 기술로 특허를 내고 회사가 일정한 궤도에 오르기까지, 대기업들로부터 받은 상처와 아픔이 매우 컸습니다. 갑과 을의 관계에서 대기업들은 늘 약한 기업들을 누르고 더 많은 이익을 취하려고 했습니다.

우리나라 중소기업이 힘든 이유가 무엇입니까? 대기업들이 어려운 중소기업의 사정은 모른 채 그들이 누릴 수 있는 만큼 힘을 휘두른다는 것입니다. 그 경험을 바탕으로 그는 이제 자리를 잡은 중소기업으로서 더 작은 기업에게 하청을 줄 때 원칙을 정했다고 합니다.

사업과 연관하여 하청을 줄 때 업체들이 어음 결제로 고통을 당하지 않도록 한다는 것입니다. 대금은 무슨 일이 있어도 일주일 안에 현금으로 치릅니다. 하청 기업에서 적어도 15퍼센트 이상 이득을 창출할 수 있도록 일을 주고 납품 단가를 매기는데 그것이 신앙인의 모습이라고 생각하기 때문입니다. 그렇게 사업을 하다보니 정말 신기하게도 지금까지 단 한 번도 회사와 회사 간, 거래처 사이에 흔히 발생하는 법적 분쟁 하나 없이 좋은 관계 속에서 일하고 있다는 것입니다.

요즘 세상에서 '동반성장'이라는 말을 많이 합니다. 대기업과 중소기업 간에 협력하여 같이 성장해나가자는 말인데, 그러나 세상의 방식으로는 이것이 도저히 해결될 수 없는 문제라고 생각합니다. 왜 그렇습니까? 인간은 권력을 가지면 권력을 휘두르려고 하지 그것을 나누거나 그것으로 섬기려고 하지 않습니다. 그것이 인간의 본성이기 때문입니다. 우리는 그것을 역사를 통해 잘 알고 있습니다.

그러나 사랑은 이깁니다. 우리가 말씀을 통해 예수님께서 보여주신 사랑의 위대함을 깨닫고 사랑이 이기는 간증을 만들어낼 때 그것이 우리가 크리스천이라는 것을 증명해줄 것입니다.

그럼에도 불구하고 우리는 여전히 이런 착각을 합니다. 내 마음대로 사용할 수 있는 권력이 나를 행복하게 해주리라는 착각입니다. 그러나 행복은 내가 마음대로 사용할 수 있는 힘을 다른 누군가를 위해 사용할 때 찾아옵니다. 그 또한 인류 역사가 잘 말해주고 있습니다.

저는 기업의 생리를 잘 모릅니다. 하지만 돈이 많은 기업이 다른 사업에서도 성공하는 예를 자주 봅니다. 그래서 세상에도 상도덕이라는 것이 있는 것입니다. 내가 충분히 잘하고 성공할 수 있지만 다른 사람을 위해 그 능력을 쓰지 않는 것이지요. 우리는 큰 기업, 큰 부자를 부러워할지 모릅니다. 하지만 내가 많이 가지기 때문에 누군가가 힘들어지는 것은 권력을 잘못 사용하는 것입니다.

다른 누군가를 위해 권력을 사용하면 그가 행복해질 수 있습니다. 하지만 이기적인 권력은 절대로 사람을 행복하게 만들지 못합니다. 사랑은 관계적입니다. 다른 사람들을 생각하는 것이

지요. 반면에 권력은 자기중심적입니다. 자기 이익을 채우고 상대방을 배려하지 않습니다. 그래서 사랑과 권력을 잘 구분할 줄 알아야 합니다.

가정에는 아버지와 어머니의 권한과 권력이 있습니다. 그 권력은 부모의 지위를 유지하라고 주신 것이 아니라 가정을 행복하게 하라고 주신 것입니다. 그것을 알 때 부모는 부모로서 진정한 사랑이 가능해집니다. 말로는 자녀를 사랑한다고 하면서 자녀를 혼내고 때릴 때 그 속을 잘 들여다보면 사랑해서라기보다 부모의 권위를 유지하려고 할 때가 참 많습니다.

> 모든 것이 가하나 모든 것이 유익한 것은 아니요 모든 것이 가하나 모든 것이 덕을 세우는 것은 아니니 누구든지 자기의 유익을 구하지 말고 남의 유익을 구하라 고전 10:23,24

우리가 흔히 말하는 잘못된 사랑에는 지나치게 자기중심적인 사랑이 있습니다. 더욱이 그것은 권력으로 나타나기도 하지요. 스토커 같은 경우, 그가 상대를 너무나 사랑하는 것은 맞습니다. 그런데 그 사랑을 받는 사람이 불행하고 그 사랑으로 인해 상처를 받는다면 그것은 사랑이 아닙니다. 우리의 삶을 바꾸는 진정한 사랑이란, 내가 느끼는 느낌 정도를 넘어 누군가의 삶에 영향을 주는 그런 사랑을 말합니다.

이 세상을 바꿀 수 있는 것이 '사랑'인가요? 아니면 '권력'인가요? 예수님을 십자가에 못 박은 것은 철저히 권력이었습니다. 사람들은 권력을 가지고 예수님을 십자가에 못 박습니다. 그들은 세상으로 퍼져나가는 예수님의 영향력을 잠재우기 위해 권력을 사용했습니다. 예수님을 힘으로 십자가에 못 박으면 예수님의 말씀이 더 이상 전파되지 않을 줄 알았습니다.

그러나 우리 주님은 끝까지 권력을 사용하지 않으셨습니다. 사랑을 사용하셨습니다. 철저하게 패배하는 것 같았지만, 자신을 십자가에 못 박은 자들까지 용서하셨습니다. 우리를 사랑하시되 끝까지 사랑하셔서 십자가에 못 박히셨습니다. 사람들이 예수님을 조롱하며 만일 하나님의 아들이라면 자기를 구원하고 십자가에서 내려오라고 했을 때에도 끝까지 그 힘을 사용하지 않으셨습니다. 하나님의 뜻을 이루시기 위해, 인간을 사랑하셨기 때문입니다.

그런데 참 신기하지요. 그렇게 아무 힘없이 죽은 것처럼 십자가에 매달린 예수님의 사랑이 강물처럼 이 땅을 뒤덮기 시작했습니다. 그 사랑에 감동된 자들로 인하여 이 땅이 변화되기 시작했습니다. 그렇습니다. 이 세상을 바꿀 수 있는 것은 권력이 아니라 아무 힘이 없는 것 같은 그 사랑이었습니다. 우리가 그것을 분명히 압니다.

"예수님은 사랑이십니다. 예수님은 우리를 사랑하시되 끝까지 사랑하셨습니다!"

권력보다 사랑

처음 미국에 가서 살 때 저는 미국 사람들이 정말 교통법규를 잘 지킨다고 생각했습니다. 사람들이 보지 않더라도 주택가에 정지 표지판이 있으면 틀림없이 그 앞에 정지했다가 갑니다. 미국 사람들은 규정 속도도 얼마나 잘 지키는지 모릅니다. 고속도로에서 과속하는 차량들이 우리나라처럼 많지 않습니다.

그런데 미국에서 좀 더 살아보니 미국 사람들이 착해서 법을 잘 지키는 것이 아니라 법이 정말 무섭기 때문이라는 것을 알게 되었습니다. 우리나라에서 속도위반을 하면 10만 원쯤 벌금을 내는데 미국에서는 1천 달러 가까이 벌금을 냅니다. 미국의 교통 경찰은 우리나라와 비교할 수 없을 만큼 무섭습니다. 일단 걸리기만 하면 용서가 없습니다. 경찰이 차를 세울 때 함부로 차문을 열고 밖으로 나오면 큰일납니다.

'아, 법이 참 무서운 거구나. 법이 우리로 하여금 법을 잘 지키

도록 하는구나.'

저는 이것을 깨달았습니다. 그렇지만 법이 무섭기는 해도 지켜보는 사람이 없는 곳에서는 아무 효력이 없습니다. 권력이란 눈에 보일 때, 그리고 강압적으로 작용합니다. 그것은 우리가 권력에 복종하기는 해도 자발적인 것이 아니며 기쁨이 없다는 것만 보아도 알 수 있습니다.

미국이라는 나라에 그 무서운 법이 있음에도 불구하고 총기 난사 사건들이 발생하는 이유가 무엇입니까? 권력이 사람을 통제하는 데는 한계가 있습니다. 우리의 삶을 강력하게 지배하는 것은 권력이 아니라는 것입니다.

한국 교회도 언제부터인가 권력을 가지기 시작했습니다. 얼마나 힘이 있는지 모릅니다. 그렇지만 권력이 미치는 범위에서는 순종하지만 권력을 벗어난 곳에서는 불순종합니다. 그렇기 때문에 우리의 삶이 이중적이 됩니다. 역대 정권에서도 수많은 위정자들이 크리스천이었습니다. 그런데 왜 그들 가운데 사랑이 이기는 것을 보이지 못하고 권력에 의해 산산이 부서지는 모습을 보이게 되는가 말입니다.

교회에서 아이가 울거나 떠들 때 엄마 아빠가 이렇게 말하곤 합니다.

"너 자꾸 울면 목사님이 맴매한다."

맞아, *사랑*이 이긴다

제가 가장 싫어하는 말 중에 하나입니다. 제발 그러지 마십시오. 왜 저를 그런 사람으로 만듭니까? 아이들의 머릿속에 어떤 부정적인 권력이나 힘, 나를 통제하는 사람이 아닌, 나를 한없이 사랑해주는 사람이 각인되는 것은 정말 소중한 일입니다.

자신의 인간관계를 돌아보십시오. 자신이 휘두를 수 있는 힘으로 인생을 바꿀 수 있는 것이 아닙니다. 누군가의 가슴에 사랑을 심을 때 그것이 그 사람의 인생을 바꿀 수 있는 놀라운 영향력을 가지기 시작합니다. 진정한 하나님의 사랑과 은혜를 체험하며 사는 사람들은 무의식적으로 그분의 사랑의 영향을 받습니다. 그 사랑이 우리의 삶을 지배합니다. 그것이 훨씬 더 강력하게 우리의 삶에 변화를 가져다줍니다.

권력 포기의 사랑

너희 안에 이 마음을 품으라 곧 그리스도 예수의 마음이니 그는 근본 하나님의 본체시나 하나님과 동등됨을 취할 것으로 여기지 아니하시고 오히려 자기를 비워 종의 형체를 가지사 사람들과 같이 되셨고 사람의 모양으로 나타나사 자기를 낮추시고 죽기까지 복종하셨으니 곧 십자가에 죽으심이라 빌 2:5-8

예수님은 하나님과 똑같은 힘과 능력을 가지셨는데도 하나님과 동등됨을 취할 것으로 여기지 아니하셨습니다. 하나님의 힘을 쓰지 않으셨을 뿐만 아니라 오히려 자기를 비워 종의 형체를 가지사 사람들과 같이 되셨습니다. 하나님이 하나님 된 모든 권리를 포기하시고 사람의 모양으로 나타나 자기를 낮추시고 십자가에 달려 죽기까지 복종하셨습니다. 이 세상을 구원하신 하나님의 능력은 하나님의 권력을 사용하신 것이 아니라 하나님의 사랑이 무엇인지 우리에게 보여주심으로 이루어진 것입니다.

아직까지 많은 사람들 속에 '내게 이런 힘이 있으면, 내게 이런 권력이 있으면 나도 무언가 할 수 있겠다'라는 생각이 자리하고 있을지도 모르겠습니다. 우리가 만일 하나님을 권력 지향적으로 믿는다면 우리는 권력을 가질 수 있을지는 모르지만 하나님의 영향력을 발휘하는 사람은 되지 못할 것입니다.

복음은 우리에게 말합니다.

"너희가 휘두를 수 있는 힘이 아니라 예수님처럼 자기를 비워 종의 모습이 될 때 비로소 너희도 뭔가를 바꿀 수 있단다."

하나님의 나라는 절대 세상 권력으로 세워지지 않습니다. 하나님의 나라는 우리가 쓸 수 있는 권력을 버림으로 세워지는 나라입니다. 마태복음 4장에서 예수님은 공생애를 시작하시기 전, 광야에서 사탄에게 시험을 받으셨습니다.

"이 돌들로 떡을 만들어봐라."

"성전 꼭대기에서 뛰어내려라."

사탄의 시험은 모두 예수님이 가지신 능력을 써보라는 것이었습니다.

"내 앞에 절을 하라. 그럼 내가 이 세상의 모든 것을 너에게 주겠다."

사탄의 모든 유혹과 시험이 바로 권력이었고 힘이었습니다. 예수님은 그것들을 모두 물리치십니다. 예수님에게 능력이 없는 것이 아니었습니다. 예수님은 예수님이 쓰실 수 있는 능력을 예수님을 위해서 쓰지 않으셨습니다. 그렇게 예수님의 공생애가 시작되었습니다.

예수님이 예루살렘으로 올라가 많은 고난을 받고 죽임 당할 것을 말씀하셨을 때, 사탄은 또 예수님의 수제자 베드로를 쿡쿡 찔러서 예수님에게 이렇게 도전했습니다.

"예수님, 그리하지 마옵소서. 예수님이 왜 십자가를 지십니까?"

"사탄아, 내 뒤로 물러 가라."

예수님은 이번에도 역시 사탄을 향해 하나님의 나라가 권력이나 힘으로 세워지는 것이 아니라 끝까지 자기를 비움으로 세워질 수 있음을 나타내셨습니다. 오늘날 교회가 똑같은 위협을 받고 크리스천들이 똑같은 유혹을 받고 있습니다. 그러나 장담하지만 힘이 생기면 하나님의 일을 할 수 있겠다고 하는 사람들은, 막상 힘이 생기면 자신의 권력을 휘두를 뿐입니다.

오늘날 교회가 힘을 가져야 하고 정치적으로 뭔가 해야 한다고 하는 분들도 있습니다. 교회가 정치적인 힘을 가지려면 교회는 세상과 똑같은 방법으로 그 권력을 쟁취할 수밖에 없습니다. 그러면 교회는 그때부터 힘을 잃습니다. 권력으로 무엇을 할 수 있을 것 같으나 그 권력을 세상의 방법으로 취하게 될 때 그곳에 하나님의 능력은 나타나지 않습니다.

착각하지 마십시오. 세상을 바꾸고 이 세상에 영향력을 끼쳤던 교회는 힘이 있는 교회가 아닙니다. 사람들의 마음을 움직이는 교회는 하나님의 사랑을 전하고 하나님의 사랑이 나타나는 교회입니다.

요즘 제 목회 사역을 변화시킨 중요한 계기가 있었습니다. 교회에 하나님의 사랑이 나타나지 않으면 교회는 어떤 힘도 가질 수 없다는 것을 하나님께서 저에게 깨닫게 해주신 것입니다. 아무리 욕망을 가지고 교회를 키우려 해도 교회는 그것으로 채워지지 않습니다. 교회가 힘을 가지면 뭔가 할 수 있고, 우리가 힘을 가지면 뭔가 할 수 있는 것이 아니라 '사랑'만이 모든 것을 이깁니다.

결국 사랑이 이긴다

《끝까지 사랑하라》[토니 캠폴로 지음 김애정 옮김(토기장이, 2011)]에 나오
는 한 예화가 기억에 남습니다.

기독교 봉사단체와 함께 일하면서 나는 일라이어스 산타나라는
한 청년 의사를 알게 되었다. 그는 희생적인 사랑을 통해 어떻게 권
위가 생겨나는지 또 하나의 예를 보여주었다.

똑똑하고 활발한 크리스천인 이 청년은 의대를 졸업하고 시카고에
서 살면서 중류층 미국인들을 돌보는 병원을 차려 쉽게 상당한 재
산을 벌 수 있었다. 하지만 그는 그렇게 하는 대신에 성령의 확신
아래 고향인 도미니카 공화국으로 돌아가 기독교의사회 도미니칸
지부를 세우기로 결심했다.

일라이어스는 정기적으로 고향에서 푸에르토리코까지 여행하면서
그의 의료 행위에 값비싼 비용을 치를 수 있는 사람들에게 진료를
해주었다. 그러고는 고향으로 다시 돌아와 푸에르토리코에서 번
돈으로 의료물품들을 샀다. 그다음 산토도밍고의 빈민굴에 가서
가난한 사람들에게 이 물품들을 무료로 나누어주었다.

어느 날 나는 하나님의 종인 이 청년과 함께 그 도시에서 가난한
빈민굴 중 한곳에 갔다. 나는 하루 종일 그의 옆에 서서 그가 돈을

지불할 능력이 없는 사람들에게 무료로 봉사하는 모습을 지켜보았다. 그는 값비싼 약품들을 그것들을 살 능력이 없는 사람들에게 나누어주었다.

그리스도의 사랑을 희생적으로 실천하는 하루를 보낸 후 일라이어스는 자신의 트럭 위에 올라가 그 동네 사람들에게 모여보라고 외쳤다. 나는 그가 복음을 전하고 사람들에게 그들의 삶을 그리스도께 내어드리라고 요청하는 모습을 지켜보며 그의 말에 귀 기울였다.

군중 한켠에 서 있던 나는 소크라테스라고 불리는 한 청년을 보았다. 그는 산토도밍고 주립대학 내의 좌파 학생단체인 체 게바라회 대표였다. 소크라테스는 마음씨 좋은 청년이었지만 잘못된 이념을 가지고 있었다. 그는 가난한 사람들에게 관심이 많았고 고국에 정의를, 가난한 사람들에게 희망을 가져다주기를 원했다. 그러나 그가 생각하는 방법은 권력을 이용해 새로운 사회질서를 세우고자 혁명을 원하는 사람들과 합류하는 것이었다.

나는 소크라테스 옆으로 다가가 장난스럽게 그를 쿡 찔렀고 트럭 위에 서 있는 일라이어스를 가리키며 말했다.

"소크라테스, 일라이어스가 회심자들을 얻고 있어. 이대로 간다면 여기 있는 사람들 모두 크리스천이 되겠는걸. 마르크스 이념으로 돌아설 사람들이 남아나지 않겠어."

그러자 소크라테스는 결코 잊을 수 없는 대답을 했다. 그는 이를 악문 채 (화가 나서 그랬는지 감탄해서 그랬는지 모르지만) 이렇게 말했다.

"뭐라 말해야 될지 모르겠네요. 일라이어스 산타나는 사람들에게 그의 말을 들려줄 권리가 있어요."

이 말이 제 안에 울렸습니다.

"그에게는 하나님의 말씀을 들려줄 권리가 있어요."

우리는 권력을 가지면 하나님의 말씀을 전할 수 있다고 생각하지만, 우리의 권력이 하나님의 말씀을 전할 수 있는 권리를 주는 것은 아닙니다. 우리가 누릴 수 있는 권리를 다 누리고, 우리가 쓸 수 있는 권력을 다 사용한다면 사랑은 드러나지 않는 것입니다. 우리의 것을 포기하고 예수님처럼 종의 형체를 가지고 자기를 비워 자기를 희생하지 않으면 우리의 사랑을 쓸 수 있는 권리가 우리에게 없는 것입니다.

사랑이 이깁니다. 우리는 우리의 권리로 이기는 것이 아니라 사랑이 이기는 것을 믿습니다. 사랑이 이기는 것을 믿는 우리가 크리스천입니다. 예배를 드리면서 권력을 얻으려 하고 기도하면서 자신의 욕망을 채우려 한다면 예배자로서 어떤 힘이나 능력도 경험할 수 없는 것입니다.

토니 캠폴로는 '권력을 사용하는 법'에 대해서도 아주 멋지게 설명합니다.

권력을 사용하는 이유와 사랑을 사용하는 이유가 다르다는 것을 구분해야 한다는 것입니다. 권력이 악한 세력을 제어할 수는 있지만 삶을 바꾸는 영적 변화를 일으키지는 못합니다. 예수님께서 이 땅에서 권력을 사용하시지 않고 사랑과 희생을 보여주신 것은 영적 변화가 일어나기 위해서 희생적인 사랑의 행위가 필요하기 때문이라고 합니다.

우리는 우리의 힘으로 누군가를 누를 수 있고 우리의 자녀들, 내 남편, 내 아내를 통제할 수 있다고 생각합니다. 그러나 그것으로는 변화가 일어나지 않습니다.

사랑으로 변화된 인생

1930년대 초 미국 프린스턴대학의 한 연구소에서 유럽에서 활동하고 있던 과학자 한 사람을 스카우트하게 되었습니다. 원장이 유럽에서 온 과학자를 만나 물었습니다.

"연봉을 얼마나 드리면 될까요?"

학자가 대답합니다.

"3천 달러 정도면 충분하겠습니다."

1930년대 유럽에서는 1년에 3천 달러면 충분히 살았던 것 같습니다. 잠시 고민하던 원장이 과학자에게 이렇게 말했습니다.

"연봉으로 1만 달러를 드리겠습니다."

과학자가 깜짝 놀랐습니다.

"3천 달러만 달라고 하는데 왜 1만 달러를 주는 겁니까?"

그는 미국의 사정을 전혀 모르고 있었습니다. 당시 미국의 교수들은 7천 달러 정도의 연봉을 받고 있었기 때문입니다. 그 과학자가 바로 앨버트 아인슈타인이었습니다. 원장은 그에게 1만 달러의 연봉을 제시하며 학교가 취할 수 있는 경제적인 이득이 아닌 그의 마음을 샀습니다. 몇 년 후 하버드대학과 예일대학에서 훨씬 더 많은 연봉으로 아인슈타인을 데려가려고 했지만 그는 끝까지 프린스턴대학에서 학자로서의 삶을 마감합니다.

협상에서 이긴다고 말할 때 우리는 이제 자신이 원하는 것을 얻게 되었다고 생각합니다. 그런데 저는 그것이 무엇을 얻는 것이 아니라 실제로 이긴 것이라고 생각합니다. 사랑이 이기는 것도 우리의 이기심을 충족시키고 우리의 욕망을 충족시키는 것이 아니라 그 사람을 변화시킬 수 있는 새로운 관계를 얻는다는 뜻이며 그 사람을 얻는 것입니다.

사랑이 이깁니다. 사랑이 이길 수 있습니다. 그 사랑이 우리를 변화시킬 수 있고 영적 변화를 일으킬 수 있습니다. 왜냐하면 예수 그리스도께서 십자가의 그 사랑으로 이 땅 위에 하나님의 구원의 역사를 펼치셨기 때문입니다. 우리는 사랑이 이기는데 어떻게 이기는지, 사랑이 이길 때 어떤 영적 변화가 일어나는지 배우고 경험해야 합니다. 사랑이 이기는 간증을 통해 하나님께 영광과 찬양을 돌려야 합니다.

우리 교회에서 1차 MMP 후원 교회로 선정되었던 성비전교회의 송신복 목사님은 탈북한 뒤 사역하고 있는 분입니다. 그 분은 탈북하기 전 중국의 어떤 가정에 머무르게 되었는데, 그때 그 집 주인이 이렇게 말했다고 합니다.

"제가 지금부터 당신을 위해서 금식기도 하겠습니다."

"왜요?"

"당신이 하나님을 믿도록 제가 금식기도 하겠습니다."

그러자 송신복 목사님이 이렇게 말했습니다.

"하지 마세요. 당신의 기도는 아무런 소용이 없습니다. 나는 안 믿을 겁니다. 기도하지 마세요."

그런데 그는 끊임없이 금식하며 기도했고 그렇게 7개월째 되던 날, 송신복 목사님이 그분의 사랑 앞에 무너졌습니다. 그리고 지금은 이곳에서 탈북자들을 위해 사역하고 있습니다. 송신복 목사님의 할아버지는 북한에서 예수를 믿는 사람이었습니다. '신복'이라는 그의 이름도 믿을 신(信), 복 복(福) 자로 복의 근원이 되라고 지어주신 이름이라는 것을 나중에야 깨닫게 되었다고 합니다. 송신복 목사님은 권력으로 누군가를 바꾸려고 하는 것이 아니라 끝까지 사랑할 때 변화시킬 수 있다는 믿음으로 지금도 사역하고 있습니다.

우리가 무엇을 믿어야 합니까? 세상의 그 어떤 권력이 아닌 사랑이 이긴다는 것을 믿을 수 있는 사람이 그리스도인입니다. 그 사랑은 누구도 포기하지 않습니다. 그 사랑은 어떤 권력 앞에서도 무릎 꿇지 않습니다. 그 사랑이 우리의 인생을 변화시켜 놀라운 역사를 만들어내게 될 것입니다.

LOVE

"유월절 전에 예수께서 자기가 세상을 떠나
아버지께로 돌아가실 때가 이른 줄 아시고
세상에 있는 자기 사람들을 사랑하시되 끝까지 사랑하시니라"
—
요 13:1

09

주도권을 내어드리는
사랑이 이긴다

우리가 살아가는 이 사회는 경쟁이 매우 치열합니다. 그렇게 바쁘게 살아가다가 가정으로 돌아갈 때가 되면 어떤 느낌이 듭니까? 집으로 가는 것이 기대가 되고 정말 기쁘고 감사합니까? 아이들을 만나고 아내를 보고 남편을 보니까 참 감사하다, 내 가정이 참 좋다는 분들도 있지만 집에 들어가기 싫어서 밖에서 배회하는 청소년이나 가장이 있는 것을 볼 때 가정 안에 사랑만이 존재하는 것은 아닌 것 같습니다.

가정은 하나님께서 주신 축복입니다. 우리에게 가정을 주신 분은 하나님입니다. 그렇다면 가정은 반드시 우리에게 축복이요 우리에게 가장 소중한 믿음의 공동체가 되어야 합니다. 그런데 그런 가정 안에 사랑만 존재하는 것이 아니라 권력도 존재하는 것입니다. 남편은 아내에게, 아내는 남편에게, 부모는 자식에게, 자식은 부모에게 권력을 행사하려고 하는 긴장 관계 속에서 가정은 어려워지고 온전한 안식처가 되지 못하고 있습니다.

주님이 보여주신 사랑

가정을 바꾸는 것은 사랑입니다. 가정 안에 희생적인 사랑이 있을 때 그 가정은 바뀝니다. 가정에서도 사랑이 이기는 역사가 일어날 수 있기를 바랍니다. 미국의 사회학자인 월라드 월러는 많은 결혼생활이 불행하다는 사실에 놀랐고 그 배후에 상대방에게 사랑을 주기보다는 권력을 행사하기 원하는 사람들이 있다는 것에 놀랐다고 말합니다.

그러면 사랑의 첫 번째 방해 요소가 무엇입니까? 바로 주도권입니다. 우리는 사랑이 중요하다는 것도 알고, 사랑받아야 한다는 것도 알고, 사랑해야 한다는 것도 잘 압니다. 사랑하면 희생해야 하고 사랑하면 나를 포기해야 한다는 것도 잘 압니다.

연애할 때 어떤 감정으로 연애를 합니까? 드라마에 나오는 순애보, 무조건적이고 헌신적인 사랑을 꿈꾸기는 하지만 실제 연애를 할 때는 머릿속에 참 많은 생각이 오가지 않습니까? 연애를 하면서도 사랑한다고 고백하는 일이 힘들지 않았나요? 왜 힘이 듭니까? 내가 먼저 사랑한다고 하면 주도권을 뺏기지 않을까 하는 생각 때문입니다. 저도 프러포즈하는 것이 쉽지 않았습니다. 가장 힘들었던 이유는 프러포즈했을 때 거절당하면 어떡하나 하는 두려움이 참 많았던 것 같습니다.

사랑하는데 그 사람에 대한 확신이 없어서, 내가 사랑한다고 말하는 순간 주도권을 빼앗길 것 같다는 생각, 내가 먼저 사랑한다고 했기 때문에 상대가 내 삶에 주도권을 가진다고 생각하는 것입니다. 그래서 우리는 사랑하면서도 쉽사리 사랑을 표현하지 않겠다고 하고 먼저 자존심을 꺾지 않겠다고 결심합니다. 이렇게 우리는 사랑을 하면서도 많은 갈등을 하고 있습니다.

그런데 우리 주님이 보여주신 사랑은 어떻습니까? 우리를 사랑하시되 끝까지 사랑하셨습니다. 그것은 상대방의 반응에 대한 문제가 아닙니다. 어쩌면 예수님은 바보같이 모든 주도권을 포기하신 것 같습니다. 우리를 사랑하시되 끝까지 사랑하시는 예수님, 그 예수님을 사랑할지 말지, 우리는 마치 사랑을 받은 우리에게 주도권이 넘어온 것처럼 여깁니다.

그러나 예수님은 우리와는 조금 다른 관점으로 바라보셨습니다. 우리를 끝까지 사랑하신 예수님께서 십자가에서 돌아가실 때 뭐라고 말씀하셨습니까?

"다 이루었다."

예수님은 모든 것을 포기하고 끝까지 사랑하기만 하셨는데 다 이루었다고 하십니다. 예수님은 그 사랑을 다 이루고 십자가에서 죽으셨습니다. 예수님은 사랑으로 우리와 줄다리기하지 않으셨습니다. 힘을 겨루지 않으셨습니다.

누군가 내게 먼저 사랑한다고 말하고 내가 그 사람의 사랑을 받으면 내가 주도권을 갖는다는 생각은 너무나 잘못된 생각입니다. 그것이 아닙니다. 예수님이 우리를 사랑하시되 끝까지 사랑하셨기 때문에 예수님은 사랑에 대한 주도권을 가지고 우리를 온전히 사랑하셨습니다.

사랑에 대한 개념이 바뀌어야 합니다. 사랑하면 끝까지 사랑하는 것, 그것이 내가 사랑의 주도권을 갖는 것입니다. 참으로 어리석은 것은 사랑의 주도권을 놓칠까 봐, 두려움 가운데서 온전히 사랑하지 못하는 것입니다.

두려움 없는 사랑

사랑 안에 두려움이 없고 온전한 사랑이 두려움을 내쫓나니 두려

움에는 형벌이 있음이라 두려워하는 자는 사랑 안에서 온전히 이루지 못하였느니라 요일 4:18

사랑이 두려움을 내쫓는다고 말씀하셨는데 우리는 왜 두려움 가운데 사랑합니까? 이것은 우리가 무언가 잘못된 사랑을 하고 있다는 것입니다.

자신은 상대를 사랑하지 않으면서 상대가 자신을 사랑하도록 만들어서 바람을 피우는 남녀가 있습니다. 그들은 늘 어장 관리를 합니다. 누군가 자기를 사랑하는 것을 즐깁니다. 하지만 그것은 자신의 욕망을 채우는 것이지 사랑하는 것은 아닙니다.

사랑한다는 것은 분명한 선택과 결단이자 자신을 내려놓는 것입니다. 그렇다면 부부가 서로 사랑한다고 하는데 그것이 정말 자신을 내려놓는 선택이었는지 아니면 끊임없는 욕망이었는지 점검해보아야 합니다.

1980년대를 살아온 남성들이라면 영화 007 시리즈에 나오는 제임스 본드와 같은 남성을 꿈꾸지 않았을까요? 그중에서도 제임스 본드의 뭐가 그렇게 부러웠을까요? 제임스 본드 곁에는 늘 '본드걸'이 있습니다. 그런데 참 신기하게도 제임스 본드가 별로 사랑하지 않아도 그 여성들은 그에게 반합니다. 여성은 제임스 본드를 사랑하게 되고 제임스 본드는 영향력을 행사하여 그 여

성을 조종하게 됩니다. 이것을 진정한 사랑이라고 말하지는 않
지만 그런 로망을 꿈꾸는 사람들이 있습니다. 그러나 그것은 결
코 우리를 행복하게 만들어주지 않습니다.

특별히 남성의 경우, 결혼과 가정생활에서 가장 힘들었던 것이
주도권을 행사하려고 한 것은 아니었는지 잘 생각해보기 바랍니
다. 운전을 하다보면 부부가 참 많이 싸웁니다. 남자들은 운전
을 하다가 모르는 길이 나와도 잘 묻지 않습니다. 그런데 그럴
때 옆에 있던 아내가 "이 길이 아니잖아?"라고 한마디 하면 짜증
이 폭발합니다. 순순히 길을 잘못 들었다고 인정하는 남자들이
거의 없습니다.

그리고 이렇게 한마디를 합니다.

"알아, 알아. 지금 내가 지름길로 가는 거야. 내가 알아."

남자들이 어느 정도로 말을 안 듣느냐 하면 요즘 내비게이션
이 다 있는데도 내비게이션이 안내하는 대로 따라가지 않습니
다. 자기가 아는 길로 갑니다. 길을 잘못 들어서도 끝까지 자신
이 맞다고 우깁니다. 왜 그렇습니까? 운전하면서 자신이 갖는 권
위와 주도권을 양보하기 싫은 것입니다.

책을 읽다가 우연히 재미있는 표현을 발견했습니다. 이스라엘
백성이 40년 동안 광야를 헤맨 이유가 무엇일까요? 답은 모세가
남자였기 때문에 광야에서 아무에게도 길을 묻지 않았기 때문이

고 그래서 광야에서 40년을 헤맸다는 것입니다. 그런데 사실 우리가 그렇습니다. 이런 작은 일에도 자존심을 내세우고 자기 주도권을 내려놓지 않으려고 합니다.

부부로 살아가면서 서로 주도권을 행사해야 된다고 하기 때문에 우리는 같이 살면서도 평안함을 잃어버리고 불편하게 살아갑니다. 사랑이 이긴다고 하는 것이 무엇입니까? 사랑은 주도권이 아닙니다. 사랑이 두려움을 내쫓습니다. 사랑은 끝까지 사랑하는 것이지 상대의 반응에 대한 문제가 아닙니다. 내가 먼저 사랑한다고 하면 세상은 그 약점을 이용하려고 할지 모릅니다. 하지만 우리가 그리스도 안에서 내 아내, 내 남편, 내 자식들을 사랑하는 것은 주도권의 문제가 아니라 끝까지 사랑하는 문제입니다.

진정한 주도권

잘못된 사랑은 자꾸만 자기 방식으로 사랑하라고 가르칩니다. 하지만 진실한 사랑은 계속해서 상대의 방법으로 사랑하라고 가르칩니다. 결혼생활을 오래한 사람들은 두 경우로 나누어집니다. 시간이 지날수록 싸움을 많이 하는 가정과 싸울 일이 없어지는 가정으로 나뉩니다. 당신의 가정은 어떻습니까?

사랑을 주도권이라는 관점에서 생각하는 사람은 나이를 먹으면 먹을수록 점점 더 힘들어집니다. 끝까지 그 주도권을 쟁탈하려 하기 때문입니다. 그러나 어느 순간 부부 관계나 가정의 문제가 주도권의 문제가 아닌 사랑이라는 것을 깨닫게 되면 그때부터 싸울 일들이 사라지기 시작합니다.

토니 캠폴로가 크리스천의 결혼생활을 주제로 설교하거나 강의를 하면 그때마다 예외 없이 꼭 이런 질문이 나온다고 합니다.

"박사님, 박사님은 진짜 중요한 이야기를 우리에게 안 해주셨습니다. 도대체 누가 가정에서 머리가 되어야 합니까?"

그러면 그때마다 캠폴로 박사는 속으로 이렇게 이야기한다고 합니다.

'당신이 진짜 크리스천이라면 절대 그런 질문을 하지는 않을 겁니다. 왜냐하면 '누구든지 첫째가 되고자 하면 뭇사람들의 끝이 되며 뭇사람을 섬기는 자가 되어야 하리라'(막 9:35)라고 말씀하셨기 때문입니다. 아내의 종이 되기를 자처하는 남편에게 어느 아내가 온전히 순종하지 않겠습니까.'

우리는 내가 머리가 되어서 다른 누구를 누를 수 있는 힘이 주도권이라고 생각합니다. 그러나 성경은 내 마음대로 누르는 것이 아니라 내가 사랑하는 마음으로 섬기는 것이 진정한 주도권이라고 말합니다.

사랑이 지배하는 가정

가정에서 누가 주도권을 가져야 할까요? 우리가 하나님을 믿는 사람들, 올바른 크리스천이라면 예수님께서 우리의 삶에 주도권을 가지시도록 주도권을 양도해야 합니다. 주도권을 가지신 예수님께 우리의 가정을 맞추기 시작해보십시오. 그러면 어떤 일이 일어날까요?

예수님께 주도권이 있는 가정에는 이상한 평등이 찾아옵니다. 서로 종이 되려고 하는 평등입니다. 아내가 남편을 섬기는데 자존심이 상한다면 어떻게 그 가정이 행복할 수 있겠습니까? 남편이 아내를 위해 무언가 해줄 때 그것이 스스로 비참하다는 생각이 든다면 어떻게 그 가정이 행복할 수 있겠습니까?

요즘 우리는 종종 다음과 같은 말을 주고받습니다. 특히 엄마들, 아내들에게 당부하기를 절대로 나중에 후회할 일 만들지 말고, 가정에 완전히 올인 하지 말고, 꼭 자기실현을 하라는 말입니다. 아내도 언제든지 독립할 준비를 하고 살아야 된다고 합니다. 남편과 자녀만을 위해 자신을 포기할 것이 아니라 스스로 만족할 만한 일을 찾아야 된다고 말합니다. 그러나 저는 이런 말이 가장 나쁜 말이라고 생각합니다.

저도 제 아내가 무슨 일을 하겠다고 하면 분명히 그렇게 하라고 할 것입니다. 원하는 대로 하도록 내버려둘 것입니다. 아내가 하고자 하는 일을 할 수 있도록 하는 것은 아무 문제가 되지 않습니다. 단, 서로 격려할 수 있어야 합니다. 그러나 이것이 사랑하면서 나오는 일이어야지, '내가 이렇게 모든 것을 포기하고 살다가는 나중에 아무것도 남지 않겠어' 하는 생각으로 살아간다면 어떻게 그 가정에 온전한 사랑과 행복이 찾아올 수 있겠습니까?

자녀와 부모와의 관계에서도 기 싸움이 많이 벌어집니다. 자녀들이 부모에게 요구하는 것들이 있을 때 부모는 이렇게 생각합니다.

'아이들의 요구를 전부 다 들어주면 아이들이 버릇없어져. 그래서 다 들어줄 수는 없어.'

자녀들은 부모가 자신의 요구를 다 들어주지 않을 때 이런 생각을 합니다.

'우리 엄마 아빠는 너무 일방적이야. 나를 전혀 이해하지 못해.'

부모는 아이의 버릇을 고쳐줘야 한다고 생각하고 자녀는 부모가 자신을 너무나 이해해주지 못한다고 하면서 가정 안에 긴장감이 일어납니다. 자녀의 사춘기가 절정일 때는 언제 끊어질지 모르는 팽팽한 긴장감이 온 집안을 감돕니다.

왜 이런 긴장감이 팽배합니까? 결국 주도권 싸움입니다. 엄마 아빠의 주도권, 자녀의 주도권이 한 번 꺾이는 순간 인생이 끝난다고 생각해서 그 주도권을 빼앗기지 않으려고 하기 때문입니다.

인생의 목적

"이건 안 돼, 나는 네가 행복했으면 좋겠어."

종종 부모가 자녀에게 강경하게 이야기하며 하는 말입니다. 그런데 문제는 부모가 생각하는 행복과 자녀들이 생각하는 행복이 늘 일치하지 않는다는 것입니다. 부모와 자녀가 행복을 추구하며 살아가는 것, 그 행복 때문에 서로 주도권을 가지려고 하는 것은 올바른 신앙인의 삶, 사랑이 지배하는 가정이 아닙니다.

저는 모든 가정이 행복했으면 좋겠고, 자녀들 역시 모두 행복했으면 좋겠습니다. 그러나 자녀들을 가르칠 때 가정 안에서 '행복'이 목적이 되어서는 안 됩니다. 행복이 우리 인생의 목적이 될 수는 없습니다. 왜냐하면 행복이 목적이 되면 우리가 행복하지 않다고 생각하는 순간 죄를 범할 수 있기 때문입니다.

우리가 살아가는 인생 가운데는 행복하지만은 않은 일들도 많습니다. 행복은 우리가 하나님의 사람으로 사랑하며 살아갈 때 주어지는 부산물입니다. 그런데 행복이 목적이 되면 우리가 행복해지기 위해 사랑도 버리고 자녀들을 누르게 되고 부부 간에 서로 주도권 쟁탈을 하게 되는 것입니다.

> 내 평생에 선하심과 인자하심이 반드시 나를 따르리니 내가 여호와의 집에 영원히 살리로다 시 23:6

그렇습니다. 우리가 행복할 때만이 아니라 우리가 사망의 음침한 골짜기를 다닐지라도 주께서 함께하시는 그 삶 가운데서 우리를 사랑하시는 주님의 사랑으로 승리할 수 있다는 것을 아는 것, 행복한 자녀를 만들기보다 선한 자녀를 만들기 위해 자녀를 통제하는 것이 아니라 하나님께 자녀를 맡기고 끝까지 기다려줄 수 있는 것이 올바른 사랑의 모습이라는 것을 알 때 비로소 가정에서도 끝까지 사랑하는 사람이 이긴다는 것을 알게 되는 것입니다.

사랑이 이기는 길

주도권을 포기한다고 해서 사랑을 포기하는 것은 아닙니다. 주도권을 포기한다는 것은 우리가 하나님 앞에 기다리는 것을 의미합니다. 주도권이 이기지 않습니다. 사랑이 이길 수 있습니다. 사랑하기 때문에 끝까지 인내할 때 우리의 가정이 승리할 수 있습니다. 사랑은 그렇게 오래 참습니다.

부부가 서로 사랑할 때도 자신이 주도권을 가지고 사랑하려고 애쓰는 것이 아니라 상대를 사랑하고 섬기는 마음으로 사랑해야 가정이 올바로 세워지고 끝까지 사랑하는 일들이 일어납니다.

하나님 앞에 이 사랑의 문제를 놓고 기도하십시오. 사랑은 주도권이 아닌데, 하나님께서 우리를 사랑하시되 끝까지 사랑하신다고 말씀하셨는데, 우리의 사랑은 그렇지 못했던 것, 주도권을 쟁탈하기 위해, 누군가를 이기기 위해, 도리어 두려움으로 온전히 사랑하지 못했던 우리의 모습을 내려놓고 끝까지 사랑하게 해달라고 기도하십시오.

남편을 위해 아내를 위해 자녀들과 부모를 위해 끝까지 사랑할 수 있게 해달라고 기도하십시오. 사랑 안에 두려움이 없고 온전한 사랑이 두려움을 내쫓는다는 말씀을 믿음으로 사랑이 이기게 해달라고, 끝까지 사랑할 수 있는 사랑의 은사를 달라고 기도하기 바랍니다.

LOVE

"마음을 같이하여 같은 사랑을 가지고 뜻을 합하며 한마음을 품어
아무 일에든지 다툼이나 허영으로 하지 말고
오직 겸손한 마음으로 각각 자기보다 남을 낫게 여기고"

—

빌 2:2,3

10

나보다 남을 낮게 여기는
사랑이 이긴다

"아, 목사님은 ○○만 특별히 사랑하고 좋아하는 것 같아요."

교인들로부터 종종 이런 말을 들을 때면 제 마음이 편치 않습니다. 그럴 때 저는 목회자로서 '아, 내가 교인들을 동일하게 사랑하지 못하나 보다' 하는 생각을 하게 됩니다.

그러던 어느 날 하나님께서 제 마음을 위로해주셨습니다. 예수님에게도 열두 명의 제자 중 특별히 사랑하셔서 늘 데리고 다니시던 세 명의 제자가 있었다고 말입니다. 그래서 제가 알았습니다.

'아, 나도 특별히 사랑하는 교인이 있구나. 이것도 예수님을 닮은 거구나.'

그런데 또 이런 생각이 들었습니다.

'예수님은 왜 그 사람들을 특별히 더 사랑하셨을까? 그들 안에 예수님의 마음에 드는 뭔가가 있지 않았을까? 그들의 어떤 믿음이 예수님의 마음을 움직였을까?'

싸움이 있는 교회?

같은 공동체 안에서 살아가더라도 동일한 사랑을 하고 동일한 마음을 갖는다는 것이 쉽지는 않습니다. 우리도 우리가 만나는 많은 사람들 중 특별히 사랑하는 사람이 있고 그렇지 못한 사람이 있습니다. 그런데 우리가 이것을 인정하지 못하고 때때로 누군가 사랑을 입는 것만 바라보면 우리 안에 시기심이 일어나기 시작하며 문제가 발생하기도 합니다.

그것을 경계하고자 사도 바울이 빌립보서를 쓰지 않았을까 생각해봅니다. 빌립보교회는 사도 바울이 세운 유럽의 첫 교회이기도 했습니다. 빌립보서는 짧은 성경입니다. 빌립보서는 사랑에 대한 매우 중요한 말씀을 하고 있습니다. '사랑'이라는 주제를 기억하면서 빌립보서를 한번 묵상해보십시오. 그럴 때 우리는 빌립보교회에 다툼이 있었다는 사실에 놀라게 됩니다.

너희에게도 그와 같은 싸움이 있으니 너희가 내 안에서 본 바요 이 제도 내 안에서 듣는 바니라 빌 1:30

"너희에게도 그와 같은 싸움이 있으니."

사도 바울이 세운 유럽의 관문, 빌립보교회에 싸움이 있었습니다. 어쨌든 사도 바울이 세운 교회나 고(故) 김우영 목사님이 세운 만나교회나 교회 안에 싸움이 있는 것이 정상이라니 마음이 편해집니다. 싸움이 없는 교회는 좋은 교회입니다. 싸움이 있는 교회는 정상인 교회입니다.

그럼 초대교회 공동체에 있었던 싸움의 본질은 무엇이었습니까? 물론 세상적이고 나쁜 일 때문에 싸운 것은 아닙니다. 초대교회에 있었던 싸움은 교회 안에서 봉사 잘하고 서로 섬기기 위한 싸움이었습니다. 문제는 그 주도권을 두고 서로 다투었다는 것입니다.

사도 바울도 이렇게 이야기합니다.

마음을 같이하여 같은 사랑을 가지고 뜻을 합하며 한마음을 품어 빌 2:2

사도 바울의 마음이 얼마나 간절했을까요? 그래서 바울은 "빌립보교회의 형제자매들아, 제발 마음을 같이하여 같은 사랑을 가지고 뜻을 합하여 한마음을 품어보면 어떻겠니?"라고 권면하는 것입니다.

네가 종이 되어라

하나님을 믿는 하나의 공동체, 하나님의 교회에 다툼이 있는 것을 볼 때 사도 바울의 마음이 어땠을까요?

너희 안에 이 마음을 품으라 곧 그리스도 예수의 마음이니 빌 2:5

사도 바울은 그들에게 그리스도 예수의 마음을 품으라고 합니다. 이 공동체 안에서 사랑이 이길 수 있는 방법은 곧 그리스도 예수의 마음을 품는 것이라고 알려줍니다.

오히려 자기를 비워 종의 형체를 가지사 빌 2:7

예수님은 이 땅에 종의 모습으로 오셨습니다. 종의 특징이 무엇입니까? 종은 철저하게 주인의 뜻에 맞추려고 합니다. 자기의 생각을 내려놓고 주인이 원하는 것을 하려고 노력하는 것이 종입니다. 예수님께서 이 땅에 종으로 오셨듯이, 그분은 오늘 우리에게도 한마음을 품고 사랑하기 위해서는 종이 되어야 한다고 말씀하십니다.

"종이 되어라."

"주님, 참 힘듭니다. 그 사람이 너무 억지를 부리는 것 같고, 그 사람의 생각이 정말 불합리한데도요?"

그런데도 주님은 우리에게 말씀하십니다.

"종이 되어라. 네가 종이 되어라."

하나님의 일을 한다고 하면서 여전히 자신이 주도권을 가지려고 할 때 주님은 그런 우리에게 말씀하십니다.

"하나님의 종이 되어라. 네 주장을 하지 말고 네가 먼저 종이 되어라."

빌립보서 4장 2절에서 사도 바울은 다툼이 있던 두 사람의 이름을 직접 언급하여 말씀합니다.

> 내가 유오디아를 권하고 순두게를 권하노니 주 안에서 같은 마음을 품으라 빌 4:2

그때까지는 누구인지 거명하지 않고 그 싸움에 대해 간접적으로 언급했지만 빌립보교회의 싸움은 결국 이 두 사람의 싸움이었던 것 같습니다. 그들은 교회의 지도자들이었고 열심히 일하는 사람들이었습니다. 우리가 잘 알듯이 싸움은 아무 관계가 없는 사람들 사이에서 일어나는 것이 아닙니다. 열심히 봉사하고 섬기겠다고 하는 사람들 가운데서 일어납니다.

그러니 사도 바울의 마음이 얼마나 더 아팠겠습니까. 이 사람을 버릴 수도 저 사람을 버릴 수도 없습니다. 이 사람이 잘못된 일을 한 것도 아니고 저 사람이 잘못한 것도 아닙니다. 그들은 오직 열심을 다해 교회를 섬기고자 했고 하나님을 사랑하는 마음을 가지고 있었습니다. 그런데도 그들은 왜 같은 마음으로 하나님의 교회를 사랑하지 못했을까요?

사람을 품을 수 있는 마음

참으로 불행하게도 우리는 권력을 잡으려고 누군가를 험담합니다. 우리나라 정치를 보며 선거 때마다 느낍니다만, 처음에는 상대 후보를 비방하지 말고 흑색선전 없는 깨끗한 선거를 치르자고 단단히 약속하지만 막바지에 가서는 오직 선거에 이기기 위해 비방과 흑색선전을 일삼는 것이 우리의 실정입니다. 심지어 요즘은 어린이 선거에서조차 흑색선전이 난무한다고 합니다. 권력을 잡으려고 하니 누군가의 단점을 드러내지 않으면 안 되는 것입니다.

교회 안에서 일어나는 일들을 보십시오. 결국 똑같이 하나님을 섬겨도 내가 하나님을 더 잘 섬긴다고 생각하고 내가 섬기는 방법이 옳다고 생각하기 때문에 다른 사람의 잘못을 어떻게 해서든지 부각시킵니다. 그러면 다툼이 일어나고 사랑이 사라집니다.

우리가 하나님을 믿고 서로 사랑하는 공동체라면 우리는 다른 사람이 잘한 것을 드러내주고 그가 가진 장점이 부각되도록 세워줌으로써 하나가 되어야 합니다. 그렇지만 자신이 주도권을 가지려고 한다면 어쩔 수 없이 누군가를 험담할 수밖에 없습니다.

요즘 들어 하나님은 누군가 교회에 대해 부정적인 이야기를 하고, 목회자를 공격하고, 교회 안에서 다른 사람들을 공격하는 것을 볼 때 목사인 제 마음에 이런 생각이 들게 하십니다.

'아, 저분의 마음에 어떤 상처가 있을까? 왜 이런 일들을 그 마음의 상처로 보는 걸까?'

그 사람 마음속에 있는 상처를 보기 시작하자 언제부턴가 제 안에 이런 마음이 들어오기 시작했습니다.

'얼마나 힘들까? 그 마음은 얼마나 괴로울까?'

제가 목회를 하고 나이가 들어가면서 하나님께서 제게 주신 큰 은혜는 웬만해서 상처를 받지 않도록 하신 것입니다. 옛날에는 화를 참는 목사였는데, 요즘은 화가 잘 안 납니다. 정말 큰 은혜입니다. 내가 사람을 정죄하는 것이 아니라 그 사람의 마음이 느껴지기 시작하고 사랑으로 보기 시작할 때 우리의 믿음 또한 성장해갑니다.

아직 자랑할 만한 것이 있는가?

사도 바울도 욱하는 성질이 좀 있었던 것 같습니다. 사도 바울이 처음 사도가 되었을 때 사람들은 사도 바울을 인정해주지 않았습니다. 그럴 만한 자격이 있는지 그를 살살 긁었습니다.

그러자 바울이 자기 자신에 대해 이렇게 고백합니다.

그러나 나도 육체를 신뢰할 만하며 만일 누구든지 다른 이가 육체를 신뢰할 것이 있는 줄로 생각하면 나는 더욱 그러하리니 나는 팔일 만에 할례를 받고 이스라엘 족속이요 베냐민 지파요 히브리인 중의 히브리인이요 율법으로는 바리새인이요 열심으로는 교회를 박해하고 율법의 의로는 흠이 없는 자라 빌 3:4-6

"나는 누구보다 우월한 사람이다. 그렇기 때문에 나도 이 일을 할 수 있는 사람이다."

바울이 얼마나 화가 났으면 사도가 되었다는 사람이 이토록 자기 자랑을 늘어놓습니까?

한국 교회에도 학력 인플레가 얼마나 심한지 모릅니다. 요즘 같으면 예수님도 베드로나 사도 바울도 한국 교회의 담임 목회자 청빙 기준에 차지 않습니다. 담임 목회를 하는데 왜 박사 학위가 필요한지 모르겠습니다. 그러다보니까 돈을 주고 학위를 사는 가짜 박사들까지 여기저기서 생기는 것입니다.

저만 보더라도 목회를 하다보니 박사 학위가 목회하는 데 별로 도움이 안 됩니다. 오히려 왜 그 시간에 더 열심히 목회를 준비하지 못했는지 후회가 됩니다. 우리가 목회자를 바라보는 기준이 새로워져야 합니다. 세상의 기준으로 내가 섬길 만한 사람인가, 그가 얼마나 대단한 사람인가 하는 식으로 목회자를 보아서는 안 된다는 말입니다. 우리가 누군가를 섬길 때 그 사람이 가진 무엇 때문이 아니라 그가 누구이든 그리스도의 사랑으로 섬겨야 하는 것입니다.

바울이 고백한 결론이 빌립보서 3장 7절에 나옵니다.

그러나 무엇이든지 내게 유익하던 것을 내가 그리스도를 위하여

다 해로 여길뿐더러 빌 3:7

4절부터 6절까지 바울이 고백한 대로 그는 자기 육체를 신뢰하고 자랑할 만한 사람입니다. 하지만 그가 위대한 사도가 되고 공동체의 리더로 세워지게 된 데에는 "무엇이든지 내게 유익하던 것을 내가 그리스도를 위하여 다 해로 여기게" 되었기 때문입니다.

하나님 앞에서 우리가 가진 것들이 얼마나 하찮은 것인지요. 우리는 내세울 것이 하나도 없습니다. 내가 이런 사람인데, 내가 이만큼 이루어놓았다고 하는 것이 하나님의 일을 하는 데 도리어 얼마나 방해가 되는지 모릅니다.

어느 날 하나님께서 나를 찾아오셔서 "내가 너를 사랑한다, 내가 너의 그 더럽고 추한 모습조차 사랑했다"고 말씀하실 때 그 하나님의 사랑 앞에 내게 유익하던 것들이 이제는 다 해로 여겨졌습니까?

자기보다 남을 낮게 여기는 마음으로

의인의 간구는 역사하는 힘이 큼이니라 약 5:16

맞아, *사랑*이 이긴다

이 말씀이 과연 어떤 말씀일까요? 모름지기 기도의 내용이 의로울 때 하나님께서 우리의 의로운 기도를 들어주신다는 말씀이라고 생각합니다. 우리는 하나님께서 우리 육신의 질병, 마음, 깨어진 관계를 치유해주시기를 원합니다. 그래서 기도합니다. 저도 그 기도가 꼭 응답되기를 간절히 원합니다. 왜냐하면 사랑이 이기는 것을 알기 때문에 내가 참고 끝까지 기도할 때 하나님께서 내가 기도하는 그 사람을 바꾸어주시는 놀라운 역사를 이루시기 때문입니다.

아무 일에든지 다툼이나 허영으로 하지 말고 오직 겸손한 마음으로 각각 자기보다 남을 낮게 여기고 빌 2:3

이 말씀을 전할 때 저는 마음에 몹시 찔렸습니다. 정말 나보다 남을 낮게 여기고 그렇게 기도하며 사셨습니까? 누군가 저에게 "목사님도 그렇게 사십니까?"라고 질문한다면 저는 당황스러울 것 같습니다. 제가 이 말씀을 전하는 것은 제 의(義)로 제가 이렇게 살아가고 있기 때문이 아니라 이 말씀이 하나님의 말씀이기 때문에 전하는 것입니다. 따라서 이 말씀은 저에게도 적용되어야 하고 그렇기 때문에 저는 이렇게 기도합니다.

"하나님, 오늘 기도할 때 제가 누군가를 저보다 낮게 여기고 온전히 그 사람을 위해 기도할 수 있게 하옵소서.”

저는 대학을 다니면서 억울하다는 생각을 할 때가 많았습니다. 제가 노는 것을 워낙 좋아하다보니까 대학교 3학년 때 서클장 5개를 맡아서 하고 있었습니다. 아버지는 그것을 까맣게 모르고 계셨지요. 그렇게 저는 서클장도 하면서 장학금을 받으며 학교에 다니고 있었습니다.

그런데 어느 날 그것을 아신 아버지가 저를 무릎 꿇려 앉혀 놓고 말씀하셨어요.

“그런 걸 하면서 어떻게 공부할 수 있니? 다 그만둬라. 그 자리를 다 내려놔.”

“하지만 아버지, 그건 제가 책임져야 하는 일인데 이렇게 내려놓을 수는 없어요.”

그렇지만 아버지는 완강하셨습니다.

“그거 다 안 내려놓으면, 우리 부자간의 정을 끊자.”

저희는 부자간의 정을 여러 번 끊었다 붙였다 했습니다. 그때 저는 아버지가 저를 너무 이해하지 못한다고 생각했고 굉장히 억울했습니다. 하지만 아무리 마음이 안 맞고 힘이 들어도 시간이 지나면 다시 이어지는 사랑의 끈을 갖고 있는 것이 부자지간입니다.

저는 제 아들이 고3 때 독서실에 보내달라고 간청하는데도 제가 안 된다고 막았습니다. 제가 고3 시절에 독서실에 가서 매일 밤 당구를 쳤기 때문에 아들이 독서실에 가면 안 될 것 같았습니다. 물론 우리 아이는 그런 아이가 아닌데도 말입니다.

왜 우리의 공동체가 깨어지는 것입니까? 내 경험, 내 생각 때문에 나보다 남을 낮게 여기지 못하고 이해해주지 못하기 때문입니다.

"하나님, 저를 죽여주세요. 하나님, 저를 죽여주세요. 아직도 하나님 앞에 내세울 수 있다고 여기는 것들을 완전히 내려놓게 해주세요. 나보다 남을 더 낮게 여기며 사랑이 이기는 것을, 사랑이 능력인 것을 체험하게 해주세요."

모두 이렇게 기도할 수 있기를 바라겠습니다.

LOVE

"내가 사람의 방언과 천사의 말을 할지라도 사랑이 없으면
소리 나는 구리와 울리는 꽹과리가 되고
내가 예언하는 능력이 있어 모든 비밀과 모든 지식을 알고
또 산을 옮길 만한 모든 믿음이 있을지라도 사랑이 없으면
내가 아무것도 아니요 내가 내게 있는 모든 것으로 구제하고
또 내 몸을 불사르게 내줄지라도 사랑이 없으면 내게 아무 유익이 없느니라"

—

고전 13:1-3

11

사랑이 없으면
아무것도 아니다

사랑으로 진리를 말한다는 것이 왜 중요합니까? 우리는 진리가 중요하고 진리가 승리한다는 것을 압니다. 우리는 옳은 일을 이야기하고 누군가에게 바른 것을 가르치기 원하지만 돌아오는 반응이 항상 좋은 것만은 아닙니다. 때때로 우리가 옳은 것을 이야기했기 때문에 누군가에게 배척을 당할 때도 있습니다.

부모님이 자녀들에게 정말 옳은 이야기를 해주지 않습니까?

"내가 너와 같은 시절을 보냈고 너와 같은 경험이 있기 때문에 이런 충고를 해주고 싶다."

자녀들이 그것을 그대로 잘 받아들이면 좋은데 꼭 반항하는 자녀들이 있습니다. 그럴 때는 참 힘이 듭니다. 마찬가지로 제가 목회하면서 가장 힘든 것 중에 하나가 변하지 않는 교인들입니다. "아멘"도 잘하고 예배에도 잘 나오는데 세상에 나가면 그대로, 그다음 주에 예배드릴 때도 그대로입니다. 눈물 흘리는 것을 보면 사람이 좀 되나 싶었는데 눈물은 눈물이고 사람은 사람으로 그냥 똑같습니다.

우리는 우리가 옳은 일을 하는데도 그것이 옳은 것으로 나타나지 않을 때 큰 좌절감을 맛봅니다. 더 나아가 그것이 적대감으로 다가올 때 우리는 당황스럽습니다. 우리에게 진리가 없고 선(善)이 없고 옳음이 없는 문제가 아니라 우리가 진리를 말하고 옳음을 말할지라도 그 안에 사랑이 없다면 그것은 능력 없는 진리에 머무를 수밖에 없다는 것입니다.

사랑하기 때문에

"내가 사람의 방언과 천사의 말을 할지라도", 이것이 얼마나 대단한 일입니까? 그러나 나에게 '사랑이 없으면' 그 소리는 울리는 꽹과리처럼 시끄러운 소음에 불과하다는 것입니다. "내가 예언하는 능력이 있어 모든 비밀과 모든 지식을 알고 또 산을 옮길 만한 모든 믿음이 있을지라도" 나에게 '사랑이 없으면' 내가 아무것도 아닙니다.

교회에서 일어나는 여러 문제들을 보십시오. 작은 교회에서 일어나는 문제보다, 산을 옮길 만한 믿음이 있고 기도만 하면 병자들이 나을 것 같은 공동체 안에 왜 옳은 일들이 나타나지 않고 싸움이 일어납니까? 그것은 하나님의 역사와 믿음의 역사가 없기 때문이 아니라 그 안에 사랑이 없기 때문입니다. 그래서 그것이 소음이 되기도 하고 그것 때문에 누군가 상처를 받기도 합니다. 이렇게 사랑은 모든 분위기를 바꾸어놓을 수 있습니다.

한번은 월요일 점심식사를 마치고 교역자들이 전도사 팀과 목사 팀으로 나뉘어 농구 시합을 했습니다. 제가 상금도 걸었습니다. 그런데 목사 팀이 이겼습니다.

'아니, 젊은 전도사들이 목사들한테 져?'

그래서 그다음에 또 족구 시합을 했습니다. 또 상금을 걸었습니다. 그랬는데 또 전도사 팀이 지는 겁니다. 그래서 제가 전도사들을 집합시켜서 기합을 줬습니다. 푸시업을 시켰는데 자세가 안 좋아서 제가 시범까지 보였습니다.

"자, 나보다 못하면 혼나."

이럴 때 벌만 주면 안 됩니다. 상도 있어야지요. 그래서 푸시업을 하면서 끝까지 남은 두 사람에게 또 상금을 주었습니다. 이것을 동영상으로 촬영한 사람도 있는 것 같은데, 누가 보면 만나고

회 담임목사가 전도사들을 잡는다고 하겠지요.

그런데 전도사님 중에 몇 분이 제 페이스북에 글을 올려주었습니다.

"목사님, 감사해요."

"목사님의 사랑이 느껴졌어요."

만나교회가 얼마나 무서운 교회인지 아세요? 얼마 전에 아침 회의를 마치고 우리 교회 교역자들의 키와 몸무게를 다 쟀습니다. 앞으로 몇 킬로를 감량해야 하는지도 다 체크하고 있습니다. 교회에서 왜 그런 일을 합니까? 건강을 위해서 제가 시켰습니다.

아마 제가 우리 교역자들을 사랑하지 않는다면 그냥 그대로 놔두었겠지요. 그런데 제가 몇 년 전에 아파보니까 아프면 할 수 있는 것이 아무것도 없다는 생각이 들었습니다. 그래서 '그들이 평생 목회하고 사역해야 하는데, 만나교회에 있는 동안 사역을 배우는 것도 중요하지만 건강을 지키는 것도 굉장히 중요하겠다'는 생각을 했습니다. 제 마음속에 그들을 사랑하는 마음이 있습니다.

'아, 이분들이 여기에서 잘 되고 보살핌을 받고 잘 배웠으면 좋겠다.'

사랑이 없으면 아무것도 아니다

규율, 진리, 옳음, 그것도 우리의 삶을 변화시키지만 그것보다 더 중요한 것이 있습니다. 사랑이 없는 진리, 사랑이 없는 규율은 사람들을 참 불편하게 만듭니다. 왜 그럴까요?

진리는 늘 우리에게 죄책감을 줍니다. 진리 앞에서, 하나님의 말씀 앞에서 자신이 있는 사람이 누가 있겠습니까.

"이것이 진리입니다. 당신은 틀렸습니다."

그 말이 틀린 것이 아니라 사랑이 없는 진리, 사랑이 들어 있지 않은 질책이 다른 사람을 무척 힘들게 합니다. 목숨을 버려서 무엇을 할지라도 그 안에 사랑이 없으면 우리는 그것 때문에 죄책감에 시달릴 수밖에 없습니다.

우리는 주위에서 정의를 위해 싸우는 사람들을 많이 봅니다. 훌륭합니다.

"당신의 재산을 가난한 사람들을 도와주는 데 쓴다면 얼마나 좋겠습니까?"

가난한 사람들을 대변하여 그들을 위해 뭔가 하는 것, 거기에 잘못은 없습니다. 그런데 그렇게 좋은 일을 하는데 왜 이 사회는 서로 적개심을 드러내고 문제가 생길까요?

"당신의 돈을 내놓으십시오. 가난한 사람들을 도와주십시오."

그렇게 말하는 사람들 안에 가난한 사람들을 위한 사랑은 있을지 몰라도 돈을 가진 사람들에 대한 사랑이 없기 때문에 갈등을 빚을 수밖에 없는 것이지요. 부자가 가난한 사람들을 돕는 일에 아무리 많은 돈을 내어놓은들 가난한 사람들을 사랑하지 않는다면 그 돈은 수치스러운 돈이 되고 누군가의 마음을 상하게 하는 돈이 될 수 있습니다.

지금 이 땅에서는 옳은 일, 선한 일들도 많이 벌어지고 있습니다. 그러나 이 공동체와 지역과 나라를 변화시킬 수 있는 것은 옳은 일이 아니라 그 안에 사랑이 있느냐 하는 것입니다. 따라서 지금 자신이 하고 있다고 여기는 본분, 그것을 내가 얼마나 성실히 수행했는가는 바른 기준이 될 수 없습니다. 하나님께서는 우리가 아무리 가정을 위해 엄청난 희생을 했다 할지라도 거기에 사랑이 없으면 아무것도 아니라고 말씀하시기 때문입니다.

사랑이 없으면 변화도 없다

토니 캠폴로의 《끝까지 사랑하라》에는 설교자를 위한 산상수훈이 나옵니다.

맞아, *사랑*이 이긴다

사랑에서 우러난 신념과 눈물을 머금고 하나님의 심판을 선포한다고 해서 사람들에게 배척당하는 자는 복이 있느니라. 하지만 네가 그 심판을 선포하는 방식과 태도 때문에 사람들이 하나님의 말씀을 배척한다면 네게 화가 있으리라.

오늘날 복음을 전하는 수많은 사람들이 그 위대하신 하나님의 말씀을 가지고 '하나님'을 전하고 '복음'을 선포하는데 그 말을 들은 사람들이 하나님에 대한 적개심을 갖는다니, 이것이 어찌된 일입니까? 그들이 전하는 복음이 잘못된 것입니까? 아닙니다. 복음을 전하는 그에게 사랑이 없을 때 믿는 자를 향한 적개심이 하나님에 대한 적개심으로 나타나고, 그럴 때 하나님의 말씀을 선포한 자에게 화가 있을 것이라는 말입니다.

내가 사람의 방언과 천사의 말을 할지라도 사랑이 없으면 소리 나는 구리와 울리는 꽹과리가 되고 고전 13:1

가장 강력한 것은 진리보다 위에 있는 사랑입니다.
누가복음 19장에 예수님께서 삭개오를 만나 삭개오를 변화시키는 장면이 나옵니다. 삭개오가 지나가시는 예수님을 보고자 돌무화과나무 위에 올라갔습니다. 예수님이 그를 쳐다보시며 이렇게 말씀하셨습니다.

"삭개오야, 어서 내려오너라. 오늘 내가 네 집에 머물러야겠다."

그다음 예수님께서 하신 행동이 무엇입니까? 삭개오와 함께 그의 집에 들어가서 저녁을 드셨습니다. 그리고 삭개오와 함께 대화를 나누기 시작했습니다. 그러자 삭개오가 변화되어 "주님, 제 재산의 절반을 가난한 사람들에게 나눠주겠습니다. 그리고 제가 남의 것을 속여 뺏은 것이 있으면 네 배로 갚겠습니다"라고 말했습니다.

그런데 보십시오. 예수님께서 삭개오에게 "너 이거 잘못했어! 네 인생을 돌이켜"라고 말씀하시기 전에 예수님은 이미 삭개오를 연민 어린 눈으로 바라보셨습니다. 그의 마음속에 있는 아픔, 그의 외로움을 다 보셨습니다. 그렇기 때문에 "삭개오야, 오늘 내가 네 집에 머물러야겠다"라고 하신 것입니다.

삭개오는 이미 이 말씀 가운데 다 무너져 있었습니다. 자신을 향한 하나님의 사랑, 자신의 외로움을 보시고 "내가 오늘 너와 함께 저녁을 먹겠다"고 하신 그 한마디가 삭개오의 마음을 무장 해제시켜버린 것입니다. 그렇기 때문에 그다음에 어떤 말씀을 하시더라도 그 말씀이 열매를 맺지 않을 수 없었던 것입니다.

누가 하나님의 말씀을 전할 때 아무리 전력하고 최선을 다하더라도 거기에 사랑이 없으면 마음이 움직여지지 않고 변화가 일어나지 않습니다. 여기에 중요한 말씀의 진리가 있습니다. 우리가 아무리 진리를 말한다 할지라도 우리에게 사랑이 없으면 그 진리가 적개심을 일으킬 수 있다는 것을 명심하시기 바랍니다. 사랑이 이깁니다. 우리의 말, 우리가 옳은 것, 우리의 기준이 아니라 사랑이 이깁니다. 사랑이 진리를 빛나게 할 수 있습니다.

사랑이 전제된 믿음

> 내가 예언하는 능력이 있어 모든 비밀과 모든 지식을 알고 또 산을 옮길 만한 모든 믿음이 있을지라도 사랑이 없으면 내가 아무것도 아니요 고전 13:2

'산을 옮길 만한 믿음'이란 무엇입니까? 내가 산에게 명하여 산이 확 솟아나는 그런 믿음을 말합니다. 그러나 그런 믿음이 있더라도 사랑이 없으면 아무것도 아닙니다. 산이 솟아나서 또 하나의 산이 생기는 것이 대체 무슨 의미가 있습니까? 우리가 믿음으로 병자를 낫게 하고 믿음으로 선을 행한다고 해도 사랑이 없으면 아무것도 아닙니다.

어떤 사람이 믿음이 좋아서 몇백억 원을 들여서 교회를 건축했다고 합시다. 사람들은 그를 가리켜 "참 믿음이 좋으십니다"라고 말할 것입니다. 그러나 아무리 크고 화려한 교회 건물을 지었더라도 그 안에 사랑이 없으면 그 안에 모이는 사람들이 무슨 능력을 행할 수 있겠습니까? 도대체 무엇을 위한 믿음이라는 말입니까?

사람들이 얼마나 우매한지 모릅니다. 1978년 11월 18일, 가이아나의 존스타운 인민사원 신도 900여 명이 집단 자살하는 사건이 일어났습니다. 그중에는 어린아이도 276명이나 되었습니다. 짐 존스는 좋은 일을 많이 한 사람이었습니다. 흑인들을 돌보고, 노숙자, 도시 빈민, 구호 활동, 무료 식당, 탁아소, 노인 병원, 성매매 여성들, 마약 중독자를 위해서 그는 정말 많은 일을 했습니다. 많은 사람들이 그에게로 모여들었고, 그를 아버지라고 부르기 시작했습니다.

그러나 짐 존스에게는 사랑이 없었습니다. 결국 사랑이 없던 그 공동체는 아무리 선한 일을 해도 변질되기 시작했지요. 그는 그곳을 조사하러 온 조사단원들을 사살했고, 신도들에게 자살을 종용하여 어린아이에 이르기까지 많은 이들을 죽음으로 몰아넣어 세상을 경악시켰습니다.

종교가 얼마나 무서운지 알고 있습니까? 사랑이 없는 종교, 사랑이 없는 논리, 사랑이 없는 규율들이 얼마나 무서운지 알고 있습니까? 사람들이 종교에 빠지면 헤어 나오지 못합니다. 종교에 한 번 빠지면 가족도 사랑하지 않습니다. 그러면 우리가 믿는 것이 종교입니까? 기독교는 종교가 아닙니다. 기독교는 신앙이고 하나님이 우리를 사랑하심에 대한 사랑의 고백입니다.

기독교를 종교 중에 하나로 착각하지 마십시오. 우리가 하나님을 믿는 이유는 하나님의 사랑 때문입니다. 그 사랑으로 내가 사랑하지 못하는 사람을 사랑하고, 그 사랑으로 이기지 못하는 것들을 이기고, 그 사랑을 이 땅 위에 나타내야 하는 것 아닙니까? 우리가 이 땅에서 하늘나라의 삶을 살아가고, 이 땅을 변화시키는 사람들이 되는 것이야말로 우리가 믿는 하나님, 하나님의 사랑의 위대함이 아니겠습니까?

사랑과 희생의 영향력

이 세상을 강력하게 변화시키지 못하는 것은 믿음이 없기 때문이 아닙니다. 바로 사랑이 없기 때문입니다. 《끝까지 사랑하라》에는 가가와 도요히코의 예화가 나옵니다. 우리는 이 예화를 통해 사랑의 삶을 사는 것이 얼마나 영향력이 있는지 알 수 있습니다.

오래전 학생이었을 때, 나는 친구들 몇 명과 함께 유니온신학대학에서 예정된 가가와 도요히코의 설교를 들으러 뉴욕에 갔다.

제2차 세계대전 동안에 가가와는 일본의 도시들에 폭격을 가하다가 격추당한 미국의 비행조종사들을 구하려고 끊임없이, 용감하게 일했다. 이러한 폭격이 동포들에게 어떤 짓을 해놓았는지 보면 가슴이 찢어졌지만, 그는 기독교적으로 헌신하며 적들을 사랑하게 되었고 부상당하고 공포에 질린 채 어려움에 처한 그들을 돌보지 않을 수 없었다. 그는 위험을 감수하면서도 외딴 섬에 감금된 미국 비행기 조종사들을 찾아가 음식을 가져다주고 다친 데를 싸매주었다. 가가와는 이들 수감자들을 돌보는 동안 정작 자신은 폐결핵을 포함한 특정한 질병들에 걸리지 않기 위해 필요한 음식을 챙겨 먹거나 몸을 돌보지 않았다.

그날 유니온신학대학에서 가가와가 강연을 할 때, 그의 목소리는 거의 들리지 않았고, 그저 간단한 복음을 전할 뿐이었다. 우리가 기대하고 있었는지도 모를 평화주의에 대한 철학적인 변론 같은 것은 전혀 하지 않았다.

그가 강연할 때 내 옆에 앉아 있던 한 신학생이 친구에게 이렇게 말하는 소리를 들었다.

"별 이야기도 없네."

그러자 내 앞에 앉아 있던 나이 지긋한 한 여성이 뒤돌아보더니 두 젊은 친구들에게 예리한 지적을 했다.

"십자가에 달렸던 분은 아무 말씀도 하실 필요가 없으셨지."

속이 다 시원했다.

가가와 도요히코가 오늘날 우리에게 성자(聖者)로 불리는 것은 그가 말을 유창하게 하고, 어떤 신학을 만들어내고, 사람들을 말로 감동시켰기 때문이 아닙니다. 그는 그것을 말할 필요도 없다고 생각했습니다. 왜냐하면 그는 삶으로 말하며 살았기 때문입니다.

사랑과 희생의 삶은 그 어떤 말보다 더 큰 소리를 내는 것이며, 그 어떤 행위보다 더 강력한 영향력을 가지고 있습니다. 사랑은 요란하게 울리는 꽹과리가 아닙니다. 사랑은 삶으로 살아가는 것, 그것입니다.

몸으로 막아낸 사랑

더불어서 이 책에는 워싱턴 DC 국가조찬기도회가 열렸을 때 로널드 레이건 대통령이 이야기한 한 가톨릭 수도사 예화도 나옵니다.

수사가 로마에 이르렀을 때 사람들이 콜로세움으로 몰려가는 것을 봅니다. 그는 그곳에서 멋진 서커스가 열린다고 생각하여 따라갑니다. 하지만 그곳에서는 서커스가 아닌 검투사들의 대결이 벌어지고 있었습니다. 수천 명의 관중 앞에서 사람이 사람을 죽이는 것입니다.

수사는 그들을 향해 소리를 질렀습니다.

"예수의 이름으로 명합니다. 멈추세요!"

사람들은 이 소리를 듣지 못했습니다. 그래서 그가 다시 소리를 질렀습니다.

"예수의 이름으로 명합니다. 멈추세요!"

이번에도 마찬가지로 아무도 듣지 않았고, 수사는 콜로세움 경기장 안으로 들어갑니다. 검투사가 칼을 들고 다른 검투사를 죽이려 할 때 그가 두 팔을 벌려 막으며 다시 말했습니다.

"예수의 이름으로 명합니다. 멈추세요!"

그때 검투사 중 하나가 칼로 그 수사의 몸을 갈랐습니다. 그의 몸은 반쪽이 나서 땅바닥에 떨어졌고 그곳에는 으스스한 침묵만이 흘렀습니다. 경기장 한 켠에 있던 남자가 복도를 나가자 사람들도 하나둘 그 자리를 뜨기 시작했습니다. 로마 황제 시저도 그 자리를 떠났습니다.

로마제국에서 사람들에게 가장 인기 있던 이 검투사의 대결이

한 수도사의 죽음으로 인해 사라졌습니다. 그가 말로만 "예수의 이름으로 명하노니, 멈추세요" 한 것이 아니라 검투장 안으로 들어가서 직접 두 팔 벌려 싸움을 제지했기에 역사를 바꾸며 변화를 만들 수 있었던 것입니다.

믿음이 소용없다는 것이 아닙니다. 믿음은 있어야 합니다. 우리가 진리대로, 옳게 살아야 하는 것이 맞습니다. 그러나 사랑이 없는 진리와 사랑이 없는 질책, 그것은 오늘 우리의 마음을 너무나 힘들게 하고 죄책감에 떨게 합니다. 오늘 우리의 공동체가 사랑이 있는 진리를 말하고, 사랑이 담긴 질책을 하고, 사랑이 있는 믿음으로 행할 수 있기를 간절히 소원합니다.

LOVE

"빌라도가 세 번째 말하되 이 사람이 무슨 악한 일을 하였느냐
나는 그에게서 죽일 죄를 찾지 못하였나니 때려서 놓으리라 하니
그들이 큰 소리로 재촉하여 십자가에 못 박기를 구하니
그들의 소리가 이긴지라 이에 빌라도가 그들이 구하는 대로 하기를 언도하고
그들이 요구하는 자 곧 민란과 살인으로 말미암아
옥에 갇힌 자를 놓아주고 예수는 넘겨주어 그들의 뜻대로 하게 하니라"

—

눅 23:22-25

12

하나님의 사랑을 보여주는
한 사람이 이긴다

이 세상의 논리와 하나님의 논리가 무엇이 다를까요? 세상의 논리는 늘 다수의 원리가 작용하는 것 같습니다. 하지만 교회 안에서 가장 필요한 것은 민주주의도 독재도 그 어떤 제도도 아니라고 생각합니다.

사람들이 원하니까?

많은 사람들이 이런 이야기를 합니다.
"사람들이 원해서….."

빌라도가 바로 그 전형적인 사람입니다.

빌라도가 세 번째 말하되 이 사람이 무슨 악한 일을 하였느냐 나는
그에게서 죽일 죄를 찾지 못하였나니 때려서 놓으리라 하니 눅 23:22

"빌라도가 세 번째 말하되"라고 했는데, 이 이야기는 빌라도가
많은 유대인과 제사장들에게 예수님은 죄가 없다는 것을 세 번째
로 말했다는 것입니다. 빌라도에게는 예수님이 죄가 없다는 확신
이 있었습니다. 그는 알고 있었습니다. 그러나 그는 예수님이 죄
가 없다고 선언하지도 못했고 예수님을 놓아주지도 못했습니다.
왜 그렇습니까? 많은 사람들이 원하는 일이 그것이 아니라는 것
을 그가 알았기 때문입니다.
　사람들이 원하는 일을 할 때 우리는 오류에 빠질 수 있습니다.
또 사람들이 원하는 것도 아니고 하나님이 원하시는 것도 아닌,
자신이 원하는 일을 고집하게 되면 독선에 빠질 수 있습니다. 우
리가 하나님을 믿으면서 경계해야 될 것 중의 하나가 바로 이 오
류와 독선입니다.
　우리가 왜 하나님께 기도합니까? 우리가 하나님의 사랑을 아
는 것, 하나님의 말씀에 귀를 기울이는 것이 왜 중요합니까? 그것
은 우리가 하나님이 원하시는 것을 알고자 하기 때문입니다.

권력의 배반

그러면 빌라도는 왜 자신이 알고 있는 확신, 참됨, 옳음 가운데 그것을 그대로 행하지 못하고 많은 사람들이 원하는 대로 예수님을 십자가에 못 박히도록 내어주었을까요? 이유는 딱 하나입니다.

> 그들이 큰 소리로 재촉하여 십자가에 못 박기를 구하니 그들의 소리가 이긴지라 눅 23:23

그들이 큰 소리로 재촉하여 예수님을 십자가에 못 박으라고 했을 때 그가 자기 소신대로 하지 못한 이유는 그에게 권력의 의지가 있었기 때문입니다.

그는 총독이었습니다. 그런데 그가 맡은 곳에서 민란이 나거나 정치적인 소요 사태가 발생하면 권력을 잃어버릴 수도 있겠다는 생각이 들자 그는 소신대로 옳게 행하지 못하고 자신의 권력을 유지하는 쪽으로 결정을 내리게 된 것입니다.

우리가 왜 하나님의 사랑과 진리 가운데 살지 못합니까? 가슴에 손을 얹고 우리 자신의 모습을 볼 수 있기 바랍니다. 우리가 옳은 것을 옳다고 이야기하지 못하는 수많은 이유는 우리가 놓치기 싫어하는 권력, 우리가 놓칠 수 없다고 생각하는 그 무엇 때문이며, 그래서 사랑과 진리를 외면할 때가 많다는 것입니다.

그는 권위를 유지하기 위해 소신대로 행하지 못했습니다. 결국 그는 권력을 다 잃어버렸습니다. 우리는 권력을 가져야 권위를 지킬 수 있다고 생각하지만, 권위를 지키기 위해 권력을 잘못 사용하는 순간 그 사람은 모든 것을 잃어버릴 수밖에 없습니다.

사람들은 권력 앞에서 타락할 수밖에 없습니다. 권력을 가져야 무언가 할 수 있다고 생각하는 사람들, 권력을 휘두를 목적으로 권력을 추구하는 사람들은 그 권력 때문에 틀림없이 타락할 수밖에 없습니다. 왜냐하면 그것이 권력의 속성이기 때문입니다.

하나님은 우리에게 권력을 가지고 무엇을 하라고 말씀하지 않으십니다. 크리스천들이 권력을 가졌기 때문에 하나님의 사람으로서 권위가 생기는 것이 아닙니다. 그렇다면 어떨 때 권위가 생기고 어떻게 해야 하나님이 우리를 사명자로 쓰실 수 있을까요?

제가 만나교회 담임목사로서 어떻게 해야 권위 있는 목사가 되겠습니까? 목사로서 권력을 휘두르면 권위가 있겠습니까? 성도들이 저를 만나교회 담임목사로 생각해줄 때는 제가 하나님 앞에 부끄러움 없는 삶을 살 때라고 생각합니다. 그래서 하나님이 저를 쓰시는 것이 믿어질 때 담임목사로서 권위가 세워진다고 믿습니다.

맞아, *사랑*이 이긴다

우리가 하나님의 사람으로서 권위 있는 크리스천이 되는 방법은 우리의 지위를 사용하는 것이 아니라 하나님으로부터 받은 사랑을 실천하며 살아갈 때입니다. 그럴 때 세상도 하나님의 자녀 된 우리의 권위를 인정할 것입니다.

세상의 논리와 하나님의 논리는 다릅니다. 우리의 능력, 우리의 권력으로 무엇을 얻을 수 있는 것이 아닙니다. 하나님의 은혜와 사랑으로 얻게 된 그 권위, 그것이 이 땅을 바꾸고 우리 가정과 교회와 사회를 바꿀 수 있는 능력이 된다는 것을 믿으시기 바랍니다. 하나님의 권위와 하나님의 사랑을 가진 한 사람, 내가 그 사람이 되는 것이 정말 중요합니다.

내가 그 한 사람입니다

요즘 우리 사회에서 많은 문제가 되는 것 중에 하나가 '왕따' 문제입니다. 학교생활에 잘 적응하지 못하는 자녀들이 있습니다. 그런가 하면 경쟁이 치열한 직장에서 따돌림 당하거나 괴롭힘을 당해 외로워하고 힘들어하는 어른들도 많습니다. 한국의 자살률이 높은 이유도 외롭기 때문이라고 합니다. 그런데 참 놀라운 사실은 왕따를 당하는 사람들을 대상으로 설문조사를 해보았더니 그 사람들이 공통적으로 하는 말이 있었습니다.

"한 사람만이라도 나를 이해해주고 한 사람만이라도 내 편이 되어준다면 내가 그 스트레스, 그 외로움을 이길 수 있을 것 같아요."

그렇습니다. 이 땅을 변화시키고 이 땅에 영향력을 끼칠 수 있는 것은 권력이 아닙니다. 내가 누군가를 이해하고 사랑할 수 있는 한 사람이 되는 것입니다. 아내는 왜 남편을 그렇게 미워합니까? 드러내지는 않아도 속으로 미워하는 것을 다 압니다. 하나님 앞에 나아가 기도할 때 내가 남편을 미워했고 그 사람이 얼마나 아파하고 힘들어하는지 이해해주지 못했다고 눈물로 회개하지 않습니까. 남편에게 아내가 얼마나 중요한지 모릅니다.

남편도 마찬가지입니다. 결혼하고 시부모님을 모시고 함께 사는 것은 누구에게나 쉬운 일이 아닙니다. 사람 사는 것이 똑같습니다. 힘이 듭니다. 언젠가 제 아내도 저에게 이런 이야기를 했습니다.

"다른 것은 다 필요 없고 힘들 때 당신만 나를 이해해주면 돼요."

그렇습니다. 남편은 아내에게 가장 힘이 되는 한 사람이 되어야 합니다.

사랑으로 이기는 것은 많은 사람을 통해 이루어지는 것이 아닙니다. 내가 그 사람이 되면 변화는 시작됩니다. 우리가 어떤 힘을 모아 무슨 거창한 일을 하지 않더라도 진리 편에 서서 하나님의 사랑으로 살아가는 그 한 사람이 내가 된다면 하나님께서 나를 통해 얼마나 위대한 일을 하실 수 있겠습니까.

약한 우리도 들어 쓰시는 하나님

혹시 내가 사랑하기에는 너무 약하다, 아직은 내 마음에 준비가 되어 있지 않다고 생각하는 분이 있습니까?

그러나 하나님께서 세상의 미련한 것들을 택하사 지혜 있는 자들을 부끄럽게 하려 하시고 세상의 약한 것들을 택하사 강한 것들을 부끄럽게 하려 하시며 고전 1:27

하나님의 방법은 우리가 생각하는 것과 다릅니다. 우리는 힘이 있어야 무언가 할 것 같고 능력이 있어야 사명도 감당할 것 같지만, 하나님의 방법이 이 세상의 방법과 다를 바 없다면 우리가 하나님을 믿어야 되는 이유가 무엇입니까? 우리는 사랑할 수 있는 능력이 없고 부족하고 연약한 존재입니다. 그러나 하나님은 그런 우리를 통해 일하기 원하시고 우리를 써서 강한 자를 부끄럽게 하기 원하십니다. 그것이 하나님의 뜻이라고 말씀하십니다.

이 세상에서 믿지 않는 사람들에게 하나님의 교회가 소망이 될 수 있는 것은 우리가 강해서가 아닙니다. 약한 우리가 하나님께 쓰임 받을 때 이 세상은 떨게 될 것입니다.

약하다는 의미는 두 가지로 나누어집니다. 첫째, 세상에서 정말 가진 것이 없기 때문에 잃을 것도 없는 사람의 약함입니다. 그러나 그런 사람은 세상의 권력에 맞서 용감하게 싸울 수 있습니다. 둘째, 자신이 가진 권력, 재산, 특권을 다 배설물로 여길 만큼 예수님께 헌신된 믿음으로 서는 사람의 약함입니다. 우리에게는 이 두 가지 약함이 다 존재합니다. 그러나 우리가 약할지라도 우리는 넘어지지 않습니다. 하나님은 약한 우리를 들어서 쓰실 수 있는 분이기 때문입니다.

우리가 그리스도인으로서 믿음으로 그리스도인 된 약함에 동참하거나 우리 자신의 권력조차 스스로 내려놓을 수 있는 사람이 된다면 우리는 이 땅에 엄청난 영향력을 끼치는 사랑의 사람이 될 수 있습니다.

그러나 무엇이든지 내게 유익하던 것을 내가 그리스도를 위하여 다 해로 여길뿐더러 또한 모든 것을 해로 여김은 내 주 그리스도 예수를 아는 지식이 가장 고상하기 때문이라 내가 그를 위하여 모

든 것을 잃어버리고 배설물로 여김은 그리스도를 얻고 빌 3:7,8

진정 주님의 사랑으로 이 말씀을 따를 각오가 되어 있습니까?

사람이 아닌 하나님을 바라라

우리는 사람들에게 인정받고 싶어 합니다. 하나님을 믿는다고 하면서도 사람이 나를 인정해주지 않으면 견딜 수 없어 합니다. 제가 만나교회 담임목사가 되고 난 뒤 저에게 가장 중요하고 저를 가장 힘들게 하고 저에게 가장 필요했던 것 역시 바로 '인정'이었습니다.

지금도 마찬가지이지만 아버지의 뒤를 이어서 아들이 담임목사가 된다는 것을 부정적으로 보는 시선이 있었기 때문에 저는 늘 만나교회를 떠나고 싶은 마음뿐이었습니다. 저에게는 그것이 너무 무거운 짐이었기 때문입니다. 그런데 어느 순간부터 나는 아버지의 아들이기 때문이 아니라 하나님이 나를 택하셨기 때문에 만나교회 담임목사가 되었고, 그러니까 그 능력을 보여줘야 한다고 생각하게 되었습니다.

그래서 저를 부르는 곳이라면 세미나와 집회 등 어디든지 달려가 능력을 보여주면 사람들이 내게 "당신은 단순히 아버지의 교회를 이어받아서 목회하는 그런 사람이 아니라 충분히 그럴 만한 능력이 있는 사람입니다"라고 저를 인정해줄 줄 알았습니다. 저는 정말 힘들게 살았고, 열심히 바쁘게 다니면서 제 존재를 증명하고 싶어 한 사람이었습니다.

그런데 어느 날 하나님이 저의 내면을 보게 하셨습니다.

"너는 왜 이렇게 힘들게 사느냐? 너는 왜 평안함과 자유함을 잃어버렸느냐?"

이유는 딱 한 가지였습니다. 사람들로부터 받는 평판에 연연해하며 사람들의 인정을 받고 싶어 했기 때문입니다. 사람들이 나를 어떻게 보느냐 하는 것이 정말 저를 힘들게 했습니다. 제가 제일 듣기 싫은 이야기는 '세습'이라는 말이었습니다. 제가 아버지께 물려받은 것은 담임목사의 자리뿐만 아니라 교회를 지을 때 얻은 큰 액수의 빚도 있는데, 여기저기서 툭툭 말을 던지니 제 마음이 얼마나 아팠는지 모릅니다.

만나교회가 선한 일을 많이 하고 담임목사인 제가 아무리 열심히 하려고 해도 세상으로부터 정당한 인정을 받지 못한다는 생각이 저를 견딜 수 없게 만들었습니다. 그러던 어느 날 하나님께서 강권적으로 깨닫게 하셨습니다.

"너는 언제까지 사람들의 인정을 받기 위해 사람들의 소리에

귀를 기울이려고 하느냐?"

하나님께서 그런 저를 자유하게 하신 것은 사람의 인정이 아닌 하나님의 사명을 감당하라는 것이었습니다. 이 교회가 하나님 앞에 어떤 교회인지가 중요하지 사람들이 저를 어떻게 보느냐 하는 것은 그다지 중요한 문제가 아니라는 것이었습니다. 하나님은 이 땅 가운데 사람의 말이나 사람의 평판이 아닌, 늘 하나님의 방법으로 하나님의 역사를 이끌어 오신 분이기 때문입니다.

그를 의지하면 그가 이루시고

호스피스 사역을 시작한 고(故) 박승일 목사님이 폐암으로 돌아가신 지 벌써 10년이 지났습니다. 그 분의 꿈으로부터 시작된 저희 교회 호스피스 사역은 말기 환우와 그 가족을 그리스도의 사랑으로 섬기는 사역으로 센터를 개원하기에 이르렀습니다.

박 목사님이 돌아가셨을 당시 그 분과 함께 사역해온 많은 분들은 그 분이 돌아가신 마당에 이 사역을 계속할 수 있는지, 그 동안 모은 기금으로 사역을 지속할 수 있는지 의문을 가지고 있었습니다. 그런데 그 당시 우리 교인 중 한 분이 장애인을 돌보는 시설을 운영하고 있었는데, 문제가 생겨서 그 시설이 문을 닫고 돌보던 아이들마저 갈 곳이 없게 되는 상황에 처해 누군가 그 건물을 인수해주지 않으면 안 되었습니다.

그때는 저도 목회를 시작한 지 얼마 되지 않았고 교회 빚도 많았는데 하나님께서 왜 그런 마음을 주셨는지 모르지만, 호스피스 사역으로 모인 재정과 교회 재정을 더해 그 건물을 사게 되었습니다. 오갈 데가 없어진 아이들을 외면할 수 없었기 때문입니다. 그리고 그 건물을 단장하여 호스피스 시설로 쓰게 되었는데 그 후에도 운영이 쉽지만은 않았습니다.

그렇지만 저는 그것이 끝이 아니라고 생각합니다. 호스피스 시설을 꿈꾸었던 박 목사님의 꿈이 사람의 꿈이 아니요 우리 교회를 향한 하나님의 뜻이기 때문에 지금이 아니더라도 하나님께서 그 일을 이루실 것을 믿고 있습니다.

만약 우리가 세상의 계산법으로 일하려 했다면 절대로 그 집을 사지 않았을 것입니다. 설령 방법은 우리가 생각하지 않았고 어쩔 수 없이 떠밀려온 것 같지만 하나님은 그 일을 통해서 여전히 일하고 계십니다. 하나님은 하나님의 뜻으로, 하나님의 사랑으로, 하나님의 진리로 일하시기 때문에 우리가 하나님 앞에 순종하면 그것이 크리스천과 교회를 권위 있게 만들고 하나님의 사랑이 이기는 것을 증거할 것입니다.

더 이상 하나님의 사랑에 대해 이야기하지 마십시오. 우리가 하나님의 사랑을 보여주어야 할 때입니다. 교회가 더 이상 복음을 선포하는 것으로 끝내는 것이 아니라 교회가 복음이 되어야 합니다. 하나님이 하실 일을 기대하십시오. 교회는 절대로 돈이나 물질로 일하는 것이 아닙니다. 그렇게 할 때 세상이 교회를 다른 시각으로 보게 될 것입니다.

"하나님, 우리가 무엇을 포기해야 되겠습니까? 우리가 포기하는 만큼 하나님이 일하실 것을 믿고 기대합니다."

사랑이 이기는 것을 믿으며 하나님 앞에 자신의 모습 그대로 나아가십시오. 하나님 앞에 내려놓아야 될 것이 무엇인지 구하며 기도할 수 있기를 바랍니다. 우리가 누릴 수 있는 것들, 우리의 권력을 내려놓을 때 도리어 하나님의 자녀 된 권위를 가질 수 있는 주의 백성이 되기 바랍니다.

LOVE

"형제들아 너희가 자유를 위하여 부르심을 입었으나
그러나 그 자유로 육체의 기회를 삼지 말고
오직 사랑으로 서로 종 노릇 하라 온 율법은 네 이웃 사랑하기를
네 자신 같이 하라 하신 한 말씀에서 이루어졌나니
만일 서로 물고 먹으면 피차 멸망할까 조심하라라"

—

갈 5:13-15

13

원망하지 않는
사랑이 이긴다

돈 있는 사람과 돈 없는 사람이 싸우면 누구 편을 들어야 합니까? 옳은 사람 편을 드는 것이 옳습니다. 그럼 힘 있는 사람과 힘 없는 사람이 싸우면 누구 편을 들어야 할까요? 마찬가지로 옳은 사람 편에 서야 합니다.

우리가 흔히 잘못 생각하는 것이 있습니다. 돈이 있는 사람 없는 사람, 힘이 있는 사람 없는 사람, 잘난 사람 못난 사람 중에 누가 옳은지를 보는 것입니다. 아닙니다. 하나님의 일을 바로 행하는 사람이 옳습니다. 이것이 복음이고 이것이 하나님의 말씀을 올바로 보는 관점입니다.

원망의 문제 처리?

우리는 우리의 힘을 마음대로 쓰지 말아야 합니다. 권력을 추구하지 말아야 합니다. 왜냐하면 힘이 있고 권력이 있는 사람들이 그 힘과 권력을 잘못 쓸 가능성이 많기 때문입니다. 또한 상대적으로 연약하고 상처가 많은 사람들이 저지를 수 있는 잘못이나 죄의 여지도 많습니다.

자기 자신을 어떻게 생각합니까? 강자입니까, 약자입니까? 누군가에게 피해를 준 사람입니까, 피해를 받은 사람입니까? 우리가 어느 편에 서 있든지 우리는 늘 죄의 유혹에 노출되어 있습니다. 만일 스스로 자신이 약자이며 누군가에게 피해를 받았다고 생각한다면 '원망'이라는 참으로 무서운 어둠의 권세가 우리 마음속에 자리 잡게 됩니다. 그럴 때 원망의 문제를 해결하지 않으면 하나님 앞에서 우리의 삶은 자유로울 수 없습니다.

원망은 영어로 'resentment'입니다. 're'는 우리가 잘 아는 것처럼 "다시"라는 반복의 의미이고, 또 'sentire'는 "느끼는 것"이라는 어원을 가지고 있습니다. 우리가 다시 느끼고 반복해서 느끼는 분노와 비통함의 감정을 원망이라고 말합니다.

그러면 원망의 문제를 해결하는 일이 왜 중요합니까? 우리에게 원망할 만한 일이 생기면 원망이 그 일을 계속 생각나게 하고 다시 느끼게 하기 때문입니다. 그렇기 때문에 이 원망의 쓴 뿌리를 제거하지 않으면 우리의 삶에 매우 무서운 일들이 반복적으로 일어날 수 있습니다.

2001년 미국 뉴욕에서 발생한 911 테러를 기억하십니까? 세계무역센터 쌍둥이 빌딩이 무너져 내렸고 워싱턴 DC의 국방부 펜타곤이 공격을 받았습니다. 19명의 젊은이가 미국에 대한 원망과 적개심에 불타올라 탈취한 비행기로 빌딩을 향해 돌진하여 3천여 명의 무고한 생명을 희생시켰습니다. 금세기의 엄청난 참사의 하나로 남을 만한 대형 사건입니다.

그렇다면 이 사건은 공격을 한 사람이 잘못입니까, 공격을 받은 쪽의 잘못입니까? 대체 누구의 잘못 때문입니까? 미국은 아무 죄가 없습니까? 아닙니다. 19명의 테러리스트들은 미국 때문에 피해를 받은 사람들이었고 그들의 원망이 3천여 명의 생명을 앗아갔습니다. 그러자 테러 이후 이제는 미국 사람들이 원망을 갖기 시작했습니다. 테러 희생자 가족들과 미국 국민이 분노하면서 '테러와의 전쟁'이라는 명분 아래 전쟁이 시작되었고 그 전쟁으로 인해 훨씬 더 많은 수의 사람들이 죽음을 당했습니다.

이렇게 원망은 해결이 아닌 더 큰 분노를 일으키기 때문에 원망하는 그 순간부터 우리 삶에는 절대로 사랑이 이기는 역사가 일어날 수 없게 됩니다. 우리 속에서 일어나는 원망, 그러나 해결하지 못한 원망의 문제가 얼마나 크고 무섭게 변하는지 깨닫기 바랍니다. 사랑으로 원망을 넉넉히 이겨야 하나님께서 우리의 삶을 통해 아름다운 일들을 만들어 가실 수 있습니다.

유학 시절 제가 다니던 학교는 자유주의 신학으로 유명한 학교였습니다. 그 학교에는 여성신학을 꽃피운 로즈마리 루서라는 유명한 교수가 있었습니다. 이 여성신학 수업시간에는 그동안 기독교가 너무나 남성적으로 여성들을 억압해왔다며 기도할 때 "하나님 아버지"(God the Father), "하늘에 계신 우리 아버지여"(Our Father in heaven) 같은 말을 쓰지 말라고 가르칩니다. 하나님을 부를 때는 'Mother&Father God'이라고 꼭 써야 하고 인칭대명사도 'His'로 쓰면 안 됩니다. 여성 차별이라는 것이지요.

이 학교는 여성신학뿐만 아니라 흑인신학, 해방신학 등 자유주의 신학이 대세를 이루었습니다. 신학교인데도 불구하고 레즈비언이 윤리학 교수로 있었습니다. 'black'이라는 단어를 함부로 써도 문제가 생깁니다. 만약 흑인을 가리켜 이야기할 때는 꼭 'African American'(아프리카계 미국인)이라고 말해야 합니다.

이 정도로 인권을 중요하게 여긴다는 학교에서 저는 정말 이상한 점을 발견했습니다. 점심 때 식당에 가보면 백인과 흑인과 히스패닉과 아시안이 어울리는 일이 절대로 없는 것입니다. 백인은 백인끼리, 흑인은 흑인끼리, 한국인은 한국인끼리 모여서 식사를 합니다. 인권을 보호하고 차별하지 말자고 배우는 그 학교에서 조차 너무나 명백히 나뉘는 것을 보며 아무리 서로 사랑하자고 말하고 많이 노력한다 하더라도 가슴속에 뿌리가 깊은 원망과 아픔의 문제가 정말 심각하다는 것을 깨달았습니다.

하나님을 원망하는 사람들

원망의 문제가 더 심각하고 무서운 것은 사람에 대한 원망을 넘어 하나님에 대한 원망이 있기 때문입니다.

"하나님, 왜 저에게 이런 고통을 당하게 하시나요?"

부모님 중에 선천적인 병을 가지고 태어난 자녀를 키우면서 그 자식 때문에 마음이 아프고 심지어 자녀를 미워했던 분들도 많을 것입니다. 그럴 때 자식에 대한 미움이 어떻게든 자식에게 전해지고, 그런 부모를 원망하며 자란 아이들은 그 원망 때문에 늘 괴로워합니다.

요즘 저는 작은 교회들이 큰 교회를 원망하는 소리를 참 많이 듣습니다. 만나교회도 그 대상에서 빠지지 않습니다만, 작은 교회의 교인들이 큰 교회로 옮기면서 작은 교회가 너무 힘들어진다는 것입니다. 맞는 말입니다. 만일 우리가 식당을 하는데 내 가게는 잘 안 되고 옆집만 항상 북적북적하다면, 그럴 때 "역시 하나님이 저 가게를 사랑하시는구나" 하고 마냥 기뻐해줄 수 있는 사람이 있습니까? 마찬가지로 목회자 중에 우리 교인들이 다른 교회로 가서 우리 교회는 줄어들고 다른 교회가 부흥하는데, 그 교회를 진심으로 기뻐해줄 수 있는 사람이 정말 있습니까? 작은 교회가 바로 이런 아픔을 가지고 있습니다.

우리가 아무리 사랑을 이야기하고 기뻐해준다고 말은 하지만 실제로 우리 마음 가운데 이 쓴 뿌리가 자리 잡고 있습니다. 그리고 더 깊은 곳에는 내 힘으로 어쩔 수 없는 것, 내가 원인이 아니라 하나님 때문이라고 생각해서 하나님을 원망하는 사람들이 참 많습니다.

"하나님, 왜 내게 이런 일이 일어나나요?"
"왜 제가 이런 일을 겪어야 돼요?"

왜 너는 안 되는데?

이지선 자매의 책에도 이런 이야기가 나옵니다. 사고를 당하고 화상을 입은 다음, 정말 꽃같이 젊은 시절을 수차례 수술로 고통 가운데 지낼 때에도 이지선 자매는 하나님이 살아 계신 것을 믿었습니다. 그러나 그녀도 단 한 가지만은 이해할 수 없고 견딜 수 없었다고 합니다.

그녀는 하나님께 이렇게 물었습니다.

"하나님, 왜 제가 이런 고통을 당해야 되나요? 왜 제게 이런 일이 생긴 건가요?"

그러던 어느 날 하나님께서 찾아오셔서 이렇게 물으셨다고 합니다.

"왜 너는 안 되는데?"

왜 누군가에게는 그런 일이 일어나도 되고 자신에게는 그런 일이 일어나서는 안 된다고 생각하는지 물으신 것입니다. 그래서 이지선 자매는 그때부터 자신의 문제를 다시 바라보기 시작했다고 합니다. 자신의 고통 가운데 찾아오셔서 자신과 함께하시는 하나님을 바라보며 더 이상 원망하지 않게 되었을 뿐만 아니라 그 하나님을 만나게 된 것입니다.

왜 나만 겪는 고난이냐고요? 왜 나에게 그런 슬픔이 찾아왔느냐고요? 왜 나에게만은 그런 것이 찾아오면 안 되는데요? 이 땅에서 누군가에게 일어나는 그 일들이 내게도 일어난 것입니다.

다 이해할 수는 없지만 하나님께서 그 일을 내게 허락하셨다면 이기게 하실 것이며, 고난 뒤에 숨겨진 하나님의 뜻을 바라보며 하나님의 능력으로 이길 수 있도록 어떤 환경 가운데서도 하나님과 동행하는 것이 신앙생활이자 믿음인데, 우리는 우리를 향한 하나님의 사랑을 잊고 살아갈 때가 얼마나 많은지 모릅니다.

사랑하고 원망하지 않을 때 일어나는 기적

처음 유학을 갔을 때 저는 영어 때문에 고생을 많이 했습니다. 열심히 공부한 뒤 미국에 갔는데도 정말 영어가 하나도 들리지 않았습니다. 얼마나 절망했는지 모릅니다. 그런 제가 학교로부터 매우 특별한 혜택을 받았습니다.

저를 관리해주던 슈퍼바이저 교수가 있었는데, 그 분은 학생들 사이에 백인 우월주의자로 이름이 나 있었습니다. 그러니까 아시안이나 흑인을 조금 차별하던 분이었지요. 그런데 그 분이 저에게 얼마나 잘해주셨는지 모릅니다. 이유가 뭔지 압니까? 60세가 넘은 이 교수님이 젊은 한국인 학생과 결혼을 하더니 모든 한국 사람들에게 각별한 애정을 쏟기 시작한 것이지요. 제가 그 혜택을 본 것입니다.

이렇게 누군가를 사랑하면 사랑은 넉넉히 이기는 힘이 있습니다. 사랑은 우리의 인생을 바꿀 수 있는 능력이 있습니다. 바로 하나님의 사랑이 우리 가운데 들어오면 우리 속에 있던 원망을 이길 수 있는 힘이 생깁니다. 어떤 상황 가운데서도 나를 붙잡고 계시는 하나님의 사랑이 우리를 넉넉히 이기게 만들어줍니다. 그때 우리 안에서 회복이 시작됩니다.

토니 캠폴로의 아들이 고등학교 1학년 때 축구를 매우 중요하게 생각하는 학교에 들어가게 됩니다. 그런데 놀랍게도 그 아들이 1학년 때 학교 대표 골키퍼가 됩니다. 그때 주전 골키퍼였던 학생은 토니 캠폴로의 아들 때문에 그 자리를 잃고 중요한 경기에 단 한 차례도 출전하지 못하게 됩니다.

어린 1학년 학생이 갑자기 자기 자리를 차지했으니 주전 골키퍼였던 학생이 얼마나 힘들었겠습니까? 그런데 그 학생이 토니 캠폴로의 아들을 매일 차로 태워다주면서 정말 잘 지내더라는 것입니다. 쉽지 않은 일이지요. 그러던 어느 날 그 골키퍼 선배가 아들을 찾아왔고, 함께 밖으로 나간 지 3시간이 지났을 무렵 아들이 집으로 돌아와 이렇게 말했다고 합니다.

"아빠. 저, 예수님께 제 삶을 드리기로 결심했어요. 제 인생을 그리스도를 위해 섬기기로 결심했어요. 그 선배를 통해서 제가 하나님을 알게 되었고 제 인생을 하나님께 바치기로 했어요."

그 선배가 얼마나 힘들었을까요? 그러나 그는 하나님의 은혜로 자기가 품을 수 있었던 원망을 극복하고 후배를 그리스도께 인도하게 되었고, 원망이 아닌 하나님의 은혜와 사랑 가운데서 그의 인생을 살게 되었습니다. 우리가 하는 원망이 정말 원망할 만한 일들인지 돌아보시기 바랍니다. 어쩌면 자신의 부족함 때문에 누군가를 시기해서 그를 향해 원망과 불평을 돌리고 있는 것은 아닌지요?

사랑할 것인지 원망할 것인지 선택하라

목회자로서 우리 교회 옆에 다른 교회가 아름답게 성장하는 모습을 바라보며 진심으로 마음껏 축복할 수 있겠는지 묻는다면 솔직히 아직 자신이 없습니다. 하지만 축복하지 못하는 마음, 원망하는 마음으로는 교인들에게 좋은 꼴을 먹일 수 없다는 것을 잘 압니다. 목회를 사이즈로 생각하고 성장으로 생각한다면 아무리 해도 만족할 수 없는 것입니다.

그런데 감사하게도 하나님께서 제 안에 다른 분들의 목회를 통해 하나님께서 일하시는 것에 감사하고 축복하는 마음을 부어 주기 시작하셨습니다. 저에게 놀라운 기쁨과 평안을 주십니다.

만일 서로 물고 먹으면 피차 멸망할까 조심하라 갈 5:15

맞아, *사랑*이 이긴다

마음에 확 와 닿지 않습니까? 하나님께서는 자유를 위하여 우리를 부르셨다고 했습니다(갈 5:13). 하나님께서는 우리에게 무엇이든지 할 수 있는 자유를 주셨습니다. 우리를 억압하는 죄와 사망의 권세로부터 우리를 자유케 하셨습니다. 이 자유는 선택의 문제입니다. 하나님 앞에 자유로 부르심을 받고 난 그다음부터 우리는 선택해야 합니다. 사랑할 것인지 원망할 것인지 하나님은 우리에게 선택할 수 있도록 하셨습니다.

그런데 우리가 자유를 위해 부르심을 받았다고 말씀하시면서, 동시에 모든 율법은 "네 이웃을 네 몸과 같이 사랑하라"(갈 5:14)는 이 말씀으로 이루어진다고 합니다.

언젠가 후안 까를로스 오르티즈 목사의 책에서 읽고 오래 기억에 남았던 이야기가 하나 있습니다.

오른발이 걸려서 넘어졌습니다. 그러면 왼발이 "야, 톱 가지고 와. 오른발 잘라. 기분 나쁘게 왜 만날 걸려?" 그러나요? 그러면 한 발로 어떻게 걸을 수 있겠습니까? 밥 먹다가 가끔 혀를 씹을 때가 있지요. 굉장히 아픕니다. 그러자 혀가 "기분 나빠. 펜치 가지고 와. 이빨 뽑아버리게" 합니까? 그 이를 빼면 누가 손해를 봅니까? 망치질하다가 잘못해서 자기 손을 내리친 경험도 있을 것입니다. 그렇다고 그 손을 잘라버리는 일은 하지 않습니다.

아무리 나를 힘들게 하고 나를 아프게 해도 그것이 없으면 내가 온전하지 못하다는 것을 알기에, 아껴주고 감싸주고 사랑해야 하는 이유, "네 이웃을 네 몸과 같이 사랑하라"는 지체의 비유로 말씀하신 것이지요. 내가 원망하는 사람, 나를 힘들게 하는 그 사람을 사랑하십시오. 그 사람을 나인 것처럼 사랑할 때 우리가정, 우리 공동체가 살아나고 이 나라와 민족이 살아날 수 있습니다.

믿음이 원망을 이긴다

설령 마음에 들지 않더라도 우리가 존중하고 사랑해야 되는 사람들이 있고 우리가 지켜야 하는 예의가 있습니다. 우리 나라의 대통령을 우리가 존중하지 않는다면 이 나라가 어떻게 되겠습니까? 우리가 속한 공동체의 머리가 되는 사람들을 우리가 사랑하지 않는다면 그 공동체가 어떻게 되겠습니까?

제가 서른아홉에 만나교회 담임목사가 되었을 때 이런 이야기를 참 많이 한 것 같습니다.

"비록 제가 나이는 어려도 만나교회 성도들의 영적인 아버지가 되어야 하는데, 그러려면 나이가 문제가 아니라 제가 영적으로 세워져야 교회의 올바른 지도자가 될 수 있지 않겠습니까?"

서로 세워주고 예의를 갖추고 원망하지 않는 그 사랑이 살아나야 결국 사랑이 이기지 않겠습니까?

그럼에도 불구하고 원망, 불평, 비난하는 것을 우리 힘으로 쉽게 그치기 어렵습니다. 그러나 우리가 기도하고 믿음으로 원망과 불평을 이겨야 하는 이유가 있습니다.

한 젊은이가 제 페이스북에 이런 질문을 던졌습니다.

"목사님, 믿음과 신념의 차이가 무엇입니까?"

제가 이렇게 대답했던 것 같습니다.

"신념은 자기 자신을 믿는 것이고 믿음은 하나님의 능력을 믿는 것입니다."

우리가 우리의 신념으로 원망을 이길 수 있을까요? 인간은 그런 존재가 아닙니다. 그러나 믿음은 이기게 합니다. 왜냐하면 믿음은 하나님의 능력을 믿는 것이며, 우리는 하나님의 사랑으로 넉넉히 이기는 것을 믿기 때문입니다.

합력하여 선을 이루어주시는 사랑

미국의 유명한 심야 프로에 투나잇 쇼가 있는데 잭 파(Jack Parr)라는 사람이 진행을 맡았을 때 있었던 일입니다. 그때 그 쇼에는 밴드가 있었는데 어느 날 잭 파가 갑자기 피아노 앞으로 가더니 피아노 건반을 아무렇게나 두드려서 불협화음을 만들어냈습니다. 그리고 호세 멜리스라는 피아니스트에게 말했습니다.

"자, 당신이 피아노로 뭘 만들어낼 수 있는지 한번 보죠."

그러자 그 피아니스트는 잭 파가 두드린 건반을 정확히 짚어내면서 도리어 아름답고 조화로운 음악을 만들어갔다고 합니다.

이렇게 우리는 수많은 불협화음을 만들어내며 살아갈 수밖에 없는 존재입니다. 정말 아름답지 못한 모습입니다. 그렇지만 전문가이신 우리 하나님께서는 모든 것이 합력하여 선을 이루도록 하시는 분입니다.

우리가 알거니와 하나님을 사랑하는 자 곧 그의 뜻대로 부르심을 입은 자들에게는 모든 것이 합력하여 선을 이루느니라 롬 8:28

우리를 향한 하나님의 사랑이 넉넉히 이기며, 그 사랑이 모든 것을 합력하여 선을 이루시는 것을 믿는 우리는 원망을 이길 수 있습니다. 누군가에 대한 적개심을 이기고 다른 사람을 마음껏 축복할 수 있습니다. 그래서 사랑이 넉넉히 이깁니다. 그 하나님을 믿는 믿음으로 이기십시오. 원망을 이길 수 있습니다. 하나님의 사랑이 넉넉히 이기게 하십니다.

　자신의 삶이 무너졌다고, 내게 왜 이런 일이 일어났느냐, 왜 나만 이런 고난을 겪느냐고 불평하지 마십시오. 실망하지 마시고 하나님의 사랑의 능력을 믿고 기도하면 승리할 수 있습니다.

LOVE

"너희는 다시 무서워하는 종의 영을 받지 아니하고
양자의 영을 받았으므로 우리가 아빠 아버지라고 부르짖느니라"

—

롬 8:15

14

하나님의 사랑의
능력이 이긴다

토니 캠폴로의 《끝까지 사랑하라》에 나오는 이야기입니다.

내 친구 중 한 명은 잘 생긴 아들이 있었는데, 그 아들이 등산을 하다가 그만 벼랑에서 떨어져 죽고 말았다. 장례식장에서 예배를 인도하던 목사가 이렇게 선포했다.

"우리는 이 비극을 하나님의 계획의 일부로 알고 이 땅에서 하나님이 가지고 계신 뜻을 받아들여야 합니다."

그때 내 친구가 일어나 이렇게 소리쳤다.

"이것은 하나님의 뜻이 아닙니다. 내 아들이 죽었을 때 제일 먼저 우신 분이 바로 하나님입니다."

　우리는 늘 능력을 원하고 우리 가운데 놀라운 하나님의 기적이 일어나기를 원합니다. 하지만 하나님께서 우리에게 능력을 주시는 것보다 더 원하시는 것이 있습니다. 하나님의 능력으로 우리의 모든 문제를 해결해주시는 것보다 더 우리에게 소망이 되고 힘이 되는 것은 우리가 아프고 힘들 때마다 하나님을 향해 "아빠 아버지"라고 부를 수 있는 권세가 우리에게 주어졌다는 것입니다.

　"하나님, 제가 다 이해하지 못하고 받아들일 수 없는 이 모든 상황 가운데서도 제가 하나님 앞에 부르짖어 기도합니다. 제 마음을 아시는 아빠 아버지, 제가 해결할 수 없는 아픔도 다 아시는 아버지…."

　하나님은 하나님을 아버지라 부를 수 있는 권세를 우리에게 주셨습니다. 어쩌면 우리가 참 믿을 수 없는 하나님을 믿고 있다는 생각이 듭니다. 우리는 어떤 문제에 봉착했을 때, 우리가 해결해야 될 일을 만났을 때 무슨 공식에 대입하는 것처럼 기도하고 하나님의 응답을 기다립니다. 물론 하나님은 이렇게 기도해도 응답해주십니다. 하지만 우리의 문제가 해결되지 않으면 더 이상 하나님이 전지전능하다고 믿지 않는 것은 아닌지 모르겠습니다.

예수님은 마지막으로 십자가 위에서 처절하게 이렇게 기도하셨습니다.

"아버지여 나의 원대로 마시옵고 아버지의 원대로 하옵소서."

이것은 우리의 소원이나 비는 것으로 끝나는 주술적인 기도가 아닙니다. 능력이 많으신 우리의 아버지 하나님 앞에 "아빠 아버지"라 부르며 우리를 향한 하나님의 뜻이 무엇인지를 묻는 것이야말로 우리 신앙의 능력이자 하나님의 능력입니다.

이 세상 모든 문제를 해결하기 때문이 아니라 이 세상의 모든 문제 가운데서도 우리에게 한없는 사랑을 베풀어주시는 하나님, 고통하는 모든 자들을 사랑하시는 아버지이십니다. 그 아픔을 아시는 하나님, 우리가 아파할 때 가장 힘들어하시고 우리가 눈물 흘릴 때 같이 눈물 흘리시는 분이 우리 하나님 아버지이십니다. 우리와 끝까지 함께하시는 그분을 우리가 아빠 아버지라고 부를 수 있는 것이 우리의 가장 큰 능력입니다.

오해하지 마십시오. 하나님께서 우리 문제를 해결하실 능력이 없다는 것이 아닙니다. 그렇지만 우리에게 가장 큰 기적은 우리에게 문제가 있을 때마다 하나님께서 우리의 삶에 직접 개입하셔서 우리를 향한 하나님의 사랑이 무엇인지를 잊지 않고 보여주신다는 것입니다. 그것이 하나님의 능력이요 우리가 그분을 믿는 이유입니다.

끝까지 사랑하심

어떤 사람이 이런 해석을 하는 것을 보았습니다. 가룟 유다가 예수님을 배신한 것은 전략적이었다는 것입니다. 일견 일리가 있다고 생각되는 이유가 있습니다. 가룟 유다는 예수님의 기적과 능력을 많이 보았는데 예수님을 배신하고 단돈 은 삼십에 예수님을 팔아버린 것을 보면 가룟 유다에게 돈은 그다지 문제가 되지 않았던 것이 아닐까 하는 생각이 들기 때문입니다. 자신이 예수님을 배신하고 난 뒤 로마 군병들이 예수님을 잡으러 오면 예수님이 능력을 보여주시리라 생각해서 가룟 유다가 전략적으로 예수님을 배신했다는 것입니다.

그러나 예수님은 그런 상황에서 다른 기적을 행하지 않으십니다. 예수님은 십자가에 달려 죽으심으로 우리를 향한 하나님의 사랑을 끝까지 확증해주셨습니다. 능력으로 기적을 이루어내는 것이 아니라 끝까지 사랑하심으로 우리의 구원을 이루어주신 것입니다.

진정한 하나님의 능력이 무엇인지 알고 있습니까?

그런즉 누구든지 그리스도 안에 있으면 새로운 피조물이라 이전 것은 지나갔으니 보라 새것이 되었도다 고후 5:17

맞아, *사랑*이 이긴다

하나님께서 우리에게 어떤 능력을 베풀어주셨습니까? 바로 새로운 피조물이 되어 살아갈 수 있는 능력을 베풀어주셨습니다. 우리가 권력의 의지로, 세상의 권세로 넘어가려 하는 것을 이길 수 있는 능력을 주시는 분이 하나님이십니다. 우리가 이 땅을 살아가면서 유혹을 받지 않을 수는 없지만 유혹을 받을 때에도 그 가운데 함께하셔서 유혹을 이길 수 있는 힘과 능력을 주십니다. 그것이 하나님의 사랑이며 진정한 하나님의 능력입니다.

우리에게 얼마나 많은 문제가 있습니까? 스스로 해결할 수 없는 어려운 문제, 경제 문제, 가정 문제가 얼마나 우리를 힘들게 합니까? 우리에게 문제가 찾아오고 그 문제로 가슴이 아프다고 해서 우리에게 베푸시는 하나님의 능력이 부족한 것이 아닙니다. 언제나 그 가운데 함께하시며 진정한 하나님의 능력으로 존재하고 계십니다.

우리의 고통과 함께하심

제임스 O. 프레이저의 전기 《산비》(Mountain rain)OMF로뎀북스를 읽으면서 저에게 정말 공감되었던 것이 있습니다. 프레이저는 젊은 시절 하나님 앞에 헌신하고 미얀마와 중국 국경의 오지로 들어간 선교사입니다. 그는 자신의 인생을 주님께 걸었던 사람입니다.

그런데 그의 일기를 보니까 그가 어느 비 오는 날 오두막집에서 흑암의 영과 얼마나 무섭게 싸웠는지를 기억하고 있었습니다. 그는 "그 오두막집에서 나를 엄습하는 우울증으로 인하여 내가 처절한 영적 싸움을 싸울 수밖에 없었노라, 그 오두막을 뛰쳐나와 기도하지 않으면 견딜 수 없었노라"고 고백합니다.

하나님 앞에 부르심을 받고 일생을 헌신한 그에게 찾아온 우울증, 어두움, 불면증…. 어떻게 하나님을 믿는데 그런 병들이 찾아올 수 있느냐고요? 찾아옵니다. 왜? 사탄은 우리를 꺾으려 하기 때문에 아무리 우리가 예수님을 잘 믿고 믿음 가운데 있어도 그런 병과 유혹들로 우리에게 찾아옵니다.

도둑이 오는 것은 도둑질하고 죽이고 멸망시키려는 것뿐이요 요 10:10

그러나 우리는 하나님의 사랑으로 그 모든 것을 이길 수 있노라 선포하며 나아가는 사람들입니다. 우리에게 유혹이 죄가 아닙니다. 우리에게 병이 찾아오는 것이 죄가 아닙니다. 왜 예수님을 믿는데 우울증에 걸리나요? 예수님을 믿어도 우울증이 찾아옵니다. 공황장애도 찾아옵니다. 그러나 하나님께서 그것을 이길 수 있는 힘을 우리에게 주시고 그 아픔 가운데에도 하나님이 함께하시겠다고 말씀하시며 우리가 능력 있는 삶을 살도록 하십니다.

제임스 O. 프레이저는 1916년 1월 16일 그의 일기에서 이렇게 쓰고 있습니다.

아침 예배에 한 사람도 오지 않았다. 여리고 성벽은 믿음으로 무너졌다. 그러나 성벽의 믿음 때문은 아니었다. 히브리서에 있는 모든 믿음의 예들 중 이것이 나의 경우에 가장 가깝다. 그러나 믿음만이 필요한 것이 아니었다. 7일 동안 성 주위를 돌고 난 후 벽이 무너졌다. 7일간의 인내가 요구되었다. 성 주위를 부지런히 도는 일도 필요했다. 그것은 규칙적이고 체계적인 기도로 상황을 포위하는 것과도 같은 것이다. 여기에서 우리의 일에 성공할 수 있는 하나님의 방법을 본다. 그 일이 무엇이든 간에 기도와 믿음과 인내, 세 가지가 함께 있어야 한다는 것이다.

유혹이 죄가 아니라 유혹에 넘어가는 것이 죄입니다. 육체의 정욕이 죄가 아니라 육체의 정욕에 넘어가는 것이 죄입니다. 성령의 능력은 우리에게 그 유혹을 이길 수 있도록 유혹이 있는 세상 가운데서도 그것을 이기고 승리할 수 있는 능력을 주십니다.

사랑으로 이기는 습관

그러나 이 모든 일에 우리를 사랑하시는 이로 말미암아 우리가 넉넉히 이기느니라 롬 8:37

하나님께서 우리에게 하나님을 아빠 아버지라고 부를 수 있는 권세를 주셨기 때문에 우리가 넉넉히 이길 수 있다고 하는 것입니다. 하나님을 아빠 아버지라고 부를 수 있는 것이 우리에게 능력이 되고 우리의 삶이 됩니다.

"아버지, 저에게 유혹이 찾아와요. 제가 지금 너무 힘들어요. 지금 넘어질 것 같은데, 아버지, 저를 붙잡아주세요."

사랑으로 이기는 습관이 우리의 삶을 지배할 수 있기를 간절히 소원합니다. 하나님이 붙잡아주시기 때문에 이길 수 있는 일들이 일어나기를 간절히 소원합니다.

먹을 것을 절제하지 못해 건강을 해치는 분들이 있습니까? 하나님께서 함께해주십니다. 아빠 아버지를 부르십시오. 잘못된 습관을 이기게 해달라고 구하십시오. TV, 게임, 여러 가지 중독 때문에 어려움을 당하는 분이 있습니까? 그렇다면 믿음으로 선포하기 바랍니다. 하나님의 사랑으로 넉넉히 이길 줄 믿는다고 선포하십시오. 하나님의 능력이 내게 임하면 이 모든 것들을 이길 수 있다고 선포하십시오.

> 누가 우리를 그리스도의 사랑에서 끊으리요 환난이나 곤고나 박
> 해나 기근이나 적신이나 위험이나 칼이랴 롬 8:35

우리가 하나님을 아빠 아버지라고 부르는데 어떤 문제가 우리
를 그리스도의 사랑에서 끊을 수 있겠습니까? 우리가 사랑으로
모든 것을 이길 때 우리를 짓누르는 죄와 사망의 권세가 우리에게
서 떠나갑니다. 사랑으로 넉넉히 이길 때 우리는 자유합니다.

하나님의 능력으로 가능하다!

토니 캠폴로의 《끝까지 사랑하라》토기장이에 나오는 글입니다.

한번은 한 전도자가 청중에게 이렇게 외치는 것을 들었다.
"심판의 날에 하나님께서 비디오테이프를 틀어 여러분이 지금까지
지었던 모든 죄들의 영상을 한눈에 보여주실 것입니다. 여러분들이
행한 온갖 추잡하고 더러운 것들이 거기서 펼쳐질 것입니다."
그 설교를 듣고 나니 천국에 가서 친구들이나 어머니와 함께 그런

비디오테이프를 보는 것이 지옥에 가는 것보다 더 두려워졌다. 다행한 일은 그런 비디오테이프는 없다는 것이다. 그런 것이 있다 해도 예수님께서 그 테이프를 지우셨으므로 나는 두려워할 필요가 없다.

나의 죄는 완전히 덮였고 저 깊은 바다 속에 묻혔다. 그 죄들은 더 이상 기억되지 않는다. 그것이 바로 하나님께서 용서하시는 방식이고, 하나님은 당신이 우리를 용서하신 것과 같이 우리가 다른 사람들을 용서할 것을 요구하신다. 우리에게 힘을 주시는 성령님의 임재 없이 그렇게 한다는 것은 불가능하다. 하지만 하나님의 능력으로는 가능하다.

저는 이 글을 읽으면서 만일 우리가 천국에 갔을 때 그동안 살면서 지은 우리의 모든 죄악, 추잡한 것들이 우리 부모와 자식과 우리가 사랑하는 사람들 앞에서 펼쳐진다면 그것은 천국이 아니라 지옥일지 모른다는 생각이 들었습니다. 그렇습니다. 하나님은 우리의 죄를 기억하지 않으시고 모든 죄를 깊은 바다에 던지신다고 말씀하셨습니다. 그것이 하나님의 능력입니다.

나 곧 나는 나를 위하여 네 허물을 도말하는 자니 네 죄를 기억하지 아니하리라 사 43:25

맞아, *사랑*이 이긴다

우리의 죄악을 발로 밟으시고 우리의 모든 죄를 깊은 바다에 던지시리이다 미 7:19

지금까지 우리가 살아온 과거가 아니라 오늘 우리의 삶을 바꾸시고 사랑으로 넉넉히 이기게 하시는 하나님의 능력이 우리에게 임하기를 간절히 소원합니다. 그래서 그동안 자신이 잊지 못하고, 버리지 못하고, 이기지 못했던 것들을 드러내어 하나님 앞에 간절히 기도하며 입으로 선포하기를 소원합니다.

"사랑으로 넉넉히 이길 줄 믿습니다. 우리를 사랑하시는 하나님의 사랑에서 아무도 우리를 끊을 수 없습니다. 그 어떤 죄와 두려움의 권세도 우리를 하나님의 사랑에서 끊을 수 없습니다."

이것을 믿음으로 선포하십시오. 유혹과 시험이 찾아오더라도 강하게 선포하십시오. 질병이 떠나가도록 담대히 선포하십시오. 우리는 하나님의 사랑으로 이길 수 있습니다. 하나님의 능력으로 능히 사랑이 이깁니다.

사랑이 먼저다

초판 1쇄 발행	2014년 11월 17일
초판 2쇄 발행	2014년 12월 29일

지은이 　　　　김병삼

펴낸이 　　　　여진구
책임편집 　　　3팀 | 안수경, 유혜림
편집 　　　　　1팀 | 이영주, 김수미　　2팀 | 최지설, 김나연　　4팀 | 김아진, 김소연
책임디자인 　　마영애, 전보영 | 이혜영, 오순영
기획·홍보 　　 이한민　　　　　　　　　　　　해외저작권 　김나은
마케팅 　　　　김상순, 강성민, 허병용, 이기쁨　마케팅지원 　최영배, 이명희
제작 　　　　　조영석, 정도봉　　　　　　　　 경영지원 　　 김혜경, 김경희

이슬비전도학교 　최경식, 전우순　　　　　　　　　303비전성경암송학교 　박정숙, 정나영, 정은혜
303비전장학회 & 303비전꿈나무장학회 　여운학

펴낸곳 　　　　규장

주소 　137-893 서울시 서초구 매헌로 16길 20(양재2동) 규장선교센터
전화 　02)578-0003 　팩스 02)578-7332
이메일 　kyujang@kyujang.com 　홈페이지 www.kyujang.com
트위터 　twitter.com/_kyujang 　페이스북 facebook.com/kyujangbook
등록일 　1978.8.14. 제1-22

ⓒ 저자와의 협약 아래 인지는 생략되었습니다.

책값 　뒤표지에 있습니다.
ISBN 　978-89-6097-381-7 　03230

규 | 장 | 수 | 칙

1. 기도로 기획하고 기도로 제작한다.
2. 오직 그리스도의 성품을 사모하는 독자가 원하고 필요로 하는 책만을 출판한다.
3. 한 활자 한 문장에 온 정성을 쏟는다.
4. 성실과 정확을 생명으로 삼고 일한다.
5. 긍정적이며 적극적인 신앙과 신행일치에의 안내자의 사명을 다한다.
6. 충고와 조언을 항상 감사로 경청한다.
7. 지상목표는 문서선교에 있다.

하나님을 사랑하는 자 곧 그의 뜻대로 부르심을 입은 자들에게는 모든 것이 合力하여 善을 이루느니라(롬 8:28)

Member of the
Evangelical Christian
Publishers Association
규장은 문서를 통해 복음전파와 신앙교육에 주력하는 국제적 출판사들의
협의체인 복음주의출판협회(E.C.P.A:Evangelical Christian Publishers
Association)의 출판정신에 동참하는 회원(Associate Member)입니다.